힌디어 초급문법

본 교재는 2020년 정부(교육부 국립국제교육원) '특수외국어 교육 진흥 사업'의
지원을 받아 수행된 결과입니다.

힌디어 초급문법

개정판

HINDI

최종찬·김용정 공저

HUiNE

힌디어초급문법 개정판

초 판 1쇄 발행 2016년 2월 25일
개정판 1쇄 발행 2020년 2월 19일
개정판 2쇄 발행 2021년 1월 30일
개정판 3쇄 발행 2023년 6월 30일

지은이 최종찬 · 김용정
발행인 고윤성
기획 신선호, 박경민
편집장 장혜정
도서편집 노재은, 변다은
디자인 정정은, 최선아, 김대욱
인사행정 이근영
재무회계 김문규, 정예찬
전자책 · 사전 변다은
발행처 한국외국어대학교 지식출판콘텐츠원
02450 서울특별시 동대문구 이문로 107
전화 02)2173-2493~7
팩스 02)2173-3363
홈페이지 http://press.hufs.ac.kr
전자우편 press@hufs.ac.kr
출판등록 제6-6호(1969. 4. 30)
디자인 · 편집 (주)이환디앤비 02)2254-4301
인쇄 · 제본 (주)케이랩 053)583-6885

ISBN 979-11-5901-714-8 13790 정가 20,000원

*잘못된 책은 교환하여 드립니다.

HU:iNE은 한국외국어대학교 지식출판콘텐츠원의 어학도서, 사회과학도서, 지역학 도서 Sub Brand이다. 한국외대의 영문명인 HUFS, 현명한 국제전문가 양성(International +Intelligent)의 의미를 담고 있으며, 휴인(携引)의 뜻인 '이끌다, 끌고 나가다'라는 의미처럼 출판계를 이끄는 리더로서, 혁신의 이미지를 담고 있다.

이 책의 음원(mp3)은 한국외국어대학교 지식출판콘텐츠원 홈페이지 (press.hufs.ac.kr) - 게시판 - 자료실에서 다운받아 사용하시기 바랍니다.

책을 내면서

힌디어를 전공하는 학생이 힌디어의 기초 문법을 쉽게 이해할 수 있도록 간단한 설명과 예문을 제시하는 수업용 교재가 이 책의 목적이다. 매 과마다 예문을 암기하고 연습문제를 풀면서 힌디어를 익힐 수 있도록 구성하였다.

힌디어 문법은 기본적으로 규범적 지침서라기보다는 안내하는 설명서의 성격을 보인다. 이는 여러 방언과 지방어 사용자들을 배려하는 관용의 언어정책에서 비롯된 것이라 할 수 있다. 이처럼 힌디어 문법은 표준 힌디어를 모어로 하지 않는 이들에게 편안한 문법이다. 힌디어 문법을 익혀 나가면서 진도가 나갈수록 단순하면서도 포용적인 힌디어의 언어체계에 정감을 느끼게 될 것이다. 때로 힌디어가 불편하고 어렵게 느껴지는 것은 어휘의 풍부함과 언어 자체가 갖고 있는 중량감 때문일 것이다.

이 책은 최종찬과 김용정의 공동작업으로 이루어졌다. 최종찬이 기획과 본문집필을 맡았고 김용정이 자료조사와 연습문제 그리고 교정 및 윤문을 맡았다. 그리고 이 책이 나오기까지 많은 분들의 도움이 있었다. 인도를 비롯하여 세계 여러 나라에서 출간된 힌디어 문법서를 참고하였으며 문법 수업에 참여한 학생들의 의견과 질문도 교재 작성에 큰 도움이 되었다. 교정 작업에 시간을 아끼지 않은 이동원 학생에게도 고마움을 표현한다. 끝으로 이 책이 좋은 모습으로 출간되도록 여러 도움을 주신 한국외국어대학교 지식출판콘텐츠원 선생님들께 감사드린다.

최종찬·김용정

차례

책을 내면서 5

제1장 **문자와 발음** 9
제2장 **होना 동사와 시제 표현** 19
제3장 **형태변화** 29
제4장 **시제 1** 43
제5장 **시제 2** 55
제6장 **확정미래와 불확정미래** 69
제7장 **명령법** 79
제8장 **추정법과 가능법** 87
제9장 **여격주어구문** 99
제10장 **-ना 부정사** 111
제11장 **문법조동사** 123
제12장 **대명형용사 1** 133
제13장 **대명형용사 2** 145
제14장 **-सा와 वाला의 용법** 155
제15장 **비교급과 최상급** 165

제16장 **미완료분사와 완료분사** 173
제17장 **파생동사** 185
제18장 **수동태** 197
제19장 **의미조동사** 209
제20장 **관계사절** 219
제21장 **후치사** 229
제22장 **결합동사** 243
제23장 **불변화사** 255
제24장 **비사실법** 267

부록 대명사 형태변화표 277
수 282
계절, 달력, 시 285
시제와 구문 정리표 289
복합후치사 292
접속사 294

제1장

문자와 발음

1. 모 음

독립형	अ	आ	इ	ई	उ	ऊ	ऋ	ए	ऐ	ओ	औ
조합형		◌ा	◌ि	◌ी	◌ु	◌ू	◌ृ	◌े	◌ै	◌ो	◌ौ
음	a	ā	i	ī	u	ū	ṛ	e	ɛ, ai	o	ɔ, au

- 독립형은 모음으로 음절을 시작할 경우의 형태이며 조합형은 초성자음과 함께 음절을 이룰 경우의 형태이다.
- 자음문자는 기본적으로 모음 **अ**를 포함하고 있어 **अ**의 조합형은 없다.
- 모음 중에서 **अ**, **इ**, **उ**, **ऋ**는 단모음이며 나머지는 모두 장모음에 해당된다.
- **अ**는 '어' 또는 '아'로 짧게 발음한다.
- **आ**는 '아'로 길게 발음한다.
- **इ**는 '이'로 짧게 발음한다.
- **ई**는 '이'로 길게 발음한다.
- **उ**는 '우'로 짧게 발음한다.
- **ऊ**는 '우'로 길게 발음한다.
- **ऋ**는 'return'의 're'에 가까운 음이다. 혀를 입천장을 닿지 않게 반전하여 '리'로 발음한다.

- ए는 '에'로 길게 발음한다.
- ऐ는 '애'로 길게 발음한다. 단 य 앞에서는 '아이'로 발음한다.
- ओ는 '오'로 짧게 발음한다.
- औ는 '어머니'의 '어'로 길게 발음한다. 단 व 앞에서만 '어우/아우'로 발음한다.

2. 비모음

अँ	आँ	इँ	ईं	उँ	ऊँ	एँ	ऐं	ओं	औं
aN	āN	iN	īN	uN	ūN	eN	ɛN	oN	ɔN

- ऋ를 제외한 모든 모음은 비모음화될 수 있다. 비모음은 짠드라빈두(candrabindu, ँ)를 모음에 추가하여 표현한다. 글자의 수평선 위로 모음을 나타내는 별도의 선이 있을 경우에는 빈두(bindu, ं)로 대체한다. 모음은 발화시 구강만을 통하여 숨이 나가는 반면 비모음은 발화시 날숨이 구강과 비강을 통하여 나간다.

3. 자 음

क ka	ख kha	ग ga	घ gha	ङ ṅa
च ca	छ cha	ज ja	झ jha	ञ ña
ट ṭa	ठ ṭha	ड ḍa	ढ ḍha	ण ṇa
त ta	थ tha	द da	ध dha	न na

प pa	फ pha	ब ba	भ bha	म ma
य ya	र ra	ल la	व va	
श śa	ष ṣa	स sa	ह ha	
ड़ Ra	ढ़ Rha	: h		

연구개음(파열음) क्, ख्, ग्, घ्, ङ्

- 혀의 뒷부분을 연구개에 대어 내는 소리들로 순서대로 [ㄲ], [ㅋ], [ㄱ], [ㄱ], [ㅇ]에 가깝다. 이 중에서 **घ्**는 **ग्**의 유기음으로 발화시 호기압이 세다. **ङ्**는 단어 'singer'의 -ng-에 가깝다.

구개음(파찰음) च्, छ्, ज्, झ्, ञ्

- 혀를 경구개에 대어 내는 소리들로 순서대로 [ㅉ], [ㅊ], [ㅈ], [ㅈ], [ㄴ]에 가깝다. 이 중에서 **झ्**는 **ज्**의 유기음으로 발화시 호기압이 세다. **ञ्**는 음절 '냐'의 [ㄴ]에 가깝다.

반전음(파열음) ट्, ठ्, ड्, ढ्, ण्

- 혀끝을 잇몸 바로 안쪽에 대고 내는 소리들로 순서대로 [ㄸ], [ㅌ], [ㄷ], [ㄷ], [ㄴ]에 가깝다. 이 중에서 **ढ्**는 **ड्**의 유기음으로 발화시 호기압이 세다. **ण्**는 강하게 발음된 [ㄴ]에 가깝다.

치음(파열음) त्, थ्, द्, ध्, न्

- 혀끝을 윗니에 대어 내는 소리들로 순서대로 [ㄸ], [ㅌ], [ㄷ], [ㄷ], [ㄴ]에 가깝다. 이 중에서 **ध्**는 **द्**의 유기음으로 발화시 호기압이 세다.

양순음(파열음) प्, फ्, ब्, भ्, म्

- 두 입술로 내는 소리들로 순서대로 [ㅃ], [ㅍ], [ㅂ], [ㅂ], [ㅁ]에 가깝다. 이 중에서 **भ्**는 **ब्**의 유기음으로 발화시 호기압이 세다.

반모음 य्, र्, ल्, व्

- य्는 전이음으로 혀의 앞부분이 경구개 쪽으로 오를 때 나는 소리로서 모음 [이]에 가깝다.
- र्는 전동음으로 혀끝을 떨면서 치경에 붙였다 뗐다 하면서 내는 소리로 '사랑', '나라' 등의 단어에서 쓰인 [ㄹ]처럼 모음 사이의 [ㄹ]에 가깝다.
- ल्는 설측음으로 '쌀', '말' 등의 단어에서 쓰인 [ㄹ]처럼 음절의 종성에 쓰인 [ㄹ]에 가깝다.
- व्는 전이음으로 혀는 연구개를 향하고 입술을 작게 둥근 모양으로 오무려 내는 소리로서 우리말 순경음 [ㅸ]에 가깝다.

치찰음 श्, ष्, स्

- 혀와 입천장의 좁은 틈을 통해 이빨 쪽으로 공기를 내보낼 때 마찰하는 소리로서 순서대로 [시], [시], [씨]에 가깝다. 유래상으로 श्는 경구개음, ष्는 반전음, स्는 치경음에 해당하나 실제 용법에서 श्와 ष्는 모두 경구개의 위치에서 발음된다.

후음 ह्, 비사르가(visarga) :

- 후두에서 마찰을 통해 나는 소리로 둘 다 [ㅎ]에 가깝다. 비사르가는 산스끄리뜨어 차용어휘의 표기에 한정되어 쓰인다.

설탄음 ड़्, ढ़्

- 혀끝을 말아 올렸다가 제자리로 돌아가는 도중에 치경돌기의 뒷부분을 툭 쳐서 내는 소리로 둘 다 전동되지 않는 [ㄹ]에 가깝다. ढ़्는 ड़्의 유기음에 해당한다.

기타 क़्, ख़्, ग़्, ज़्, फ़्

- 외래어를 표기할 때 쓰이는 문자들로 क़्는 목젖 파열음으로서 [ㄲ]에, ख़्는 연구개 마찰 무성음으로서 [ㅋ]에, ग़्는 연구개 마찰 유성음으로서 [ㄱ]에, ज़्는 치경 마찰 유성음으로서 [ㅈ]에, 그리고 फ़्는 순치 마찰 무성음으로 [ㅍ]에 가깝다.

4. 문자의 표기

가. 자음과 모음의 조합

[क + 모음]의 예

क	का	कि	की	कु	कू	कृ	के	कै	को	कौ
ka	kā	ki	kī	ku	kū	kṛ	ke	kɛ, kai	ko	kɔ, kau

나. 자음만 쓰이는 경우

모음 없이 자음만 쓰이는 경우는 단어의 끝에 쓰이는 경우와 복자음을 이루는 경우로 구분된다.

자음이 단어의 종성으로 나타나는 경우 글자 밑부분에 할(hal, ्)을 덧붙여 표기한다.

क् k	ख् kh	ग् g	घ् gh	ङ् ṅ
च् c	छ् ch	ज् j	झ् jh	ञ् ñ
ट् ṭ	ठ् ṭh	ड् ḍ	ढ् ḍh	ण् ṇ
त् t	थ् th	द् d	ध् dh	न् n
प् p	फ् ph	ब् b	भ् bh	म् m
य् y	र् r	ल् l	व् v	
श् ś	ष् ṣ	स् s	ह् h	

복자음을 이루는 경우

क्क	kka	क्ख	kkha	क्त	kta	क्य	kya	क्र	kra
क्ल	kla	क्व	kva	क्श	kśa	क्ष	kṣa	क्ष्म	kṣma
क्स	ksa	ख्य	khya	ग्द	gda	ग्न	gna	ग्र	gra
ग्ल	gla	ग्व	gva	घ्र	ghra	च्च	cca	च्छ	ccha
ज्ञ	jña*	ज्र	jra	ट्ट	ṭṭa	ट्ठ	ṭṭha	ट्र	ṭra
ड्ड	ḍḍa	ड्र	ḍra	ण्ट	ṇṭa	ण्ठ	ṇṭha	त्क	tka
त्त	tta	त्त्व	ttva	त्थ	ttha	त्न	tna	त्म	tma
त्य	tya	त्र	tra	त्व	tva	त्स	tsa	द्ग	dga
द्द	dda	द्ध	ddha	द्भ	dbha	द्म	dma	द्य	dya
द्र	dra	द्व	dva	ध्य	dhya	ध्व	dhva	न्त	nta
न्द	nda	न्द्र	ndra	न्न	nna	न्य	nya	न्ह	nha
प्त	pta	प्न	pna	प्प	ppa	प्य	pya	प्र	pra
प्ल	pla	ब्ज	bja	ब्द	bda	ब्ध	bdha	ब्र	bra
भ्य	bhya	भ्र	bhra	म्न	mna	म्र	mra	र्त	rta
र्थ	rtha	र्प	rpa	र्फ	rpha	र्म	rma	र्र	rra
र्व	rva	र्स	rsa	ल्म	lma	व्र	vra	श्क	śka
श्च	śca	श्य	śya	श्र	śra	श्व	śva	ष्ट	ṣṭa
ष्ट्र	ṣṭra	ष्ण	ṣṇa	स्क	ska	स्ट	sṭa	स्त	sta
स्त्र	stra	स्न	sna	स्प	spa	स्य	sya	स्र	sra
ह्न	hna	ह्म	hma	ह्य	hya	ह्र	hra	ह्ल	hla
ह्व	hva								

* jña의 발음은 [갸/겨]에 가깝다.

다. 비자음

비자음은 비강을 통하여 소리가 나는 자음을 뜻하며 **ङ्, ञ्, ण्, न्, म्**가 이에 해당된다. 이 음들이 복자음의 첫자음으로 나타날 때는 빈두(bindu, ं)에 의해 표기되기도 한다.

अंक 〈 अङ्क
अंचल 〈 अञ्चल
अंडा 〈 अण्डा
अंत 〈 अन्त
लंबा 〈 लम्बा

라. 외래어 모음

외래어의 모음 [ɒ] 또는 [ɔ́]는 ॉ으로 표기한다.

कॉलेज 〈 college, ऑफ़िस 〈 office

5. अ모음 생략 규칙

자음을 나타내는 문자들은 태생적으로 **अ**모음을 포함하고 있지만 특정한 환경에서는 발음되지 않는다. 관련된 규칙은 아래와 같다.

अ 모음 생략규칙

규칙 1 형태소의 끝에서 생략된다. 형태소의 맨 끝에 오는 **अ**발음은 생략된다.

규칙 2 [모음 + (비자음) + 자음]과 [자음 + 모음] 사이에서 **अ**발음은 생략된다.

적용조건 오른쪽의 음절부터 적용한다.

규칙 1의 적용 예

नमस्कार namaskār < namaskāra

단어(형태소)의 끝에 나오는 **अ**는 기본적으로 발음되지 않는다.

छात्र chātr ~ chātrə < chātra

단어의 끝음절이 복자음과 **अ** 모음으로 끝나는 경우에 한하여 **अ** 모음이 약하게 발음되기도 한다.

규칙 2의 적용 예

मतलब matlab < matalab < matalaba

적용조건에 따라 규칙 1을 우선 적용한 후(matalab < matalaba), 규칙 2를 적용한다(matlab < matalab).

लखपति lakhpati < lakhapati

위 단어는 **लख**와 **पति**의 두 형태소가 결합된 합성어로서 규칙은 형태소를 경계로 적용되었다. 형태소를 무시하고 규칙2와 오른쪽 음절 우선 적용의 조건에 따르면 실제 발음되지 않는 lakhapti 를 얻게 된다.

복수사격 등의 문법접미사가 첨가된 단어들에 대하여는 규칙이 엄격히 적용되지 않는 경우도 있다.

बादलों bādlõ ~ bādalõ

कंबलों kamblõ ~ kambalõ

चंचलों cañclõ ~ cañcalõ

6. य의 발음

- **य**가 단어의 끝음절인 경우 **य**는 **अ**모음이 생략되는 관계로 **य्**의 발음을 갖게 된다. 또한 힌디어는 일반적으로 단어 끝의 음절이 약하게 발음되는 특성이 있다. 이와 같은 두 요인이 반영되어 **य**는 앞음절의 모음과 어울려 발음되거나 모음 이[i]로 약하게 발음된다.

समय 사마애 [samaɛ] ~ 사매 [samɛ]
चाय 짜이 [cāy] ~ 짜애 [cāɛ]

- **य**가 자음과 함께 단어의 끝음절을 이루는 경우는 모음 여[yə]로 약하게 발음된다. 산스끄리뜨어 차용어도 이와 같은 방식으로 발음되기도 한다.

साहित्य 사히뗘 [sāhityə]
भारतीय 바르띠여 [bhārtīyə]

7. व의 발음

- **व**는 장모음 **आ** 앞에서 또는 자음 뒤에서 ㅇ[w]으로 발음된다.

तिवारी 띠와리 [tiwārī]
स्वर 스와르 [swar]
ध्वनि 드와니 [dhwani]

- 단어 끝에서는 모음 오/우 [o/u]로 약하게 발음된다.

नाव 나오 [nāo] ~ 나우 [nāu]
भाव 바오 [bhāo] ~ 바우 [bhāu]

❸ 그 이외의 경우 ㅂ[v]로 발음된다.

भवन 바반 [bhavan]
व्यंजन 뱐잔 [vyañjan]
पूर्व 뿌르버 [pūrvə]

8. अह의 발음

अह는 대체로 자음 사이에서 애하/애허[ɛha]로 발음되며, 단어의 끝에서 애흐[ɛh]로 발음된다.

बहन 버헌 [bahan] ~ 배헌 [bɛhan]
सुबह 수버흐 [subah] ~ 수배흐 [subɛh]

9. 기타

일부 단어들은 예외적으로 문자와 다르게 발음된다.

गाँव 가옹 [gāõ]
वह 워흐 [vəh] ~ 워 [vɔ]
यह 여흐 [yəh] ~ 예 [yɛ]

제2장

होना 동사와 시제 표현

동사는 일차적으로 주어의 인칭, 성, 수에 일치한다. **होना** 동사는 본동사로 쓰여 '이다', '있다' 등의 의미를 갖기도 하고 조동사로 쓰여 시제표지만으로 사용되기도 한다.

1. 현재시제

	단수	복수
1인칭	मैं हूँ	हम हैं
2인칭	तू है	तुम हो
		आप हैं
3인칭	यह है	ये हैं
	वह है	वे हैं

मैं लड़का हूँ । '나는 소년이다.'
मैं लड़की हूँ । '나는 소녀이다.'
हम लड़के हैं । '우리는 소년들이다.'
हम लड़कियाँ हैं । '우리는 소녀들이다.'
तुम लड़का हो । '너는 소년이다.'
तुम लड़की हो । '너는 소녀이다.'
वह लड़का है । '그는 소년이다.'
वह लड़की है । '그녀는 소녀이다.'
मैं घर में हूँ । '나는 집에 있다.'
तुम घर में हो । '너는 집에 있다.'

2. 과거시제

	남성		여성	
	단수	복수	단수	복수
1인칭	मैं था	हम थे	मैं थी	हम थीं
2인칭	तू था	तुम थे	तू थी	तुम थीं
		आप थे		आप थीं
3인칭	यह था	ये थे	यह थी	ये थीं
	वह था	वे थे	वह थी	वे थीं

मैं लड़का था । '나는 소년이었다.'
मैं लड़की थी । '나는 소녀였다.'
हम लड़के थे । '우리는 소년들이었다.'
हम लड़कियाँ थीं । '우리는 소녀들이었다.'

तुम लड़का थे । '너는 소년이었다.'
तुम लड़की थीं । '너는 소녀였다.'
वह लड़का था । '그는 소년이었다.'
वह लड़की थी । '그녀는 소녀였다.'
लड़का घर में था । '소년은 집에 있었다.'
लड़की घर में थी । '소녀는 집에 있었다.'
लड़के घर में थे । '소년들은 집에 있었다.'
लड़कियाँ घर में थीं । '소녀들은 집에 있었다.'

3. 미래시제

	남성		여성	
	단수	복수	단수	복수
1인칭	मैं हूँगा / होऊँगा	हम होंगे	मैं हूँगी / होऊँगी	हम होंगी
2인칭	तू होगा	तुम होगे	तू होगी	तुम होगी
		आप होंगे		आप होंगी
3인칭	यह होगा	ये होंगे	यह होगी	ये होंगी
	वह होगा	वे होंगे	वह होगी	वे होंगी

होना 동사의 미래시제 형태는 미래와 추측의 이중적인 의미를 갖는다.

मैं लड़का हूँगा / होऊँगा । '나는 소년일 것이다 / 소년이 될 것이다.'
मैं लड़की हूँगी / होऊँगी । '나는 소녀일 것이다 / 소녀가 될 것이다.'
हम लड़के होंगे । '우리는 소년들일 것이다 / 소년들이 될 것이다.'
हम लड़कियाँ होंगी । '우리는 소녀들일 것이다 / 소녀들이 될 것이다.'

तुम लड़का होगे । '너는 소년일 것이다 / 소년이 될 것이다.'
तुम लड़की होगी । '너는 소녀일 것이다 / 소녀가 될 것이다.'
वह लड़का होगा । '그는 소년일 것이다 / 소년이 될 것이다.'
वह लड़की होगी । '그녀는 소녀일 것이다 / 소녀가 될 것이다.'
लड़का घर में होगा । '소년이 집에 있을 것이다.'
लड़के घर में होंगे । '소년들이 집에 있을 것이다.'
लड़की घर में होगी । '소녀가 집에 있을 것이다.'
लड़कियाँ घर में होंगी । '소녀들이 집에 있을 것이다.'

연습문제

1. **होना** 동사의 현제시제 형태를 빈칸에 넣으시오.

   1) **मैं लड़का** ______________ ।

   2) **तुम लड़की** ______________ ।

   3) **हम लड़के** ______________ ।

   4) **आप लड़की** ______________ ।

   5) **यह छात्र** ______________ ।

   6) **ये छात्र** ______________ ।

2. **होना** 동사의 과거시제 형태를 빈칸에 넣으시오.

   1) **मैं छात्र** ______________ ।

   2) **तुम छात्रा** ______________ ।

   3) **हम छात्राएँ** ______________ ।

   4) **तू बच्चा** ______________ ।

   5) **वह बच्ची** ______________ ।

   6) **वे बच्चे** ______________ ।

3. **होना** 동사의 미래시제 형태를 빈칸에 넣으시오.

   1) **मैं लड़की** ______________ ।

   2) **तुम लड़का** ______________ ।

   3) **तुम बच्ची** ______________ ।

   4) **हम बच्चे** ______________ ।

   5) **आप डॉक्टर** ______________ ।

   6) **वह डॉक्टर** ______________ ।

4. 보기에 주어진 **क**와 **ख**의 문답을 참고하여 빈칸을 채우시오.

보기

क: क्या तुम(여) बाज़ार में हो ? (☞ पहले, अभी)
ख: मैं पहले बाज़ार में थी, अभी घर में हूँ ।

1) क: क्या तुम(남) स्कूल में हो ?
ख: मैं पहले स्कूल में ________, अभी घर में ________ ।

2) क: क्या आप(여) क्लास में हैं ?
ख: मैं पहले क्लास में ________, अभी घर में ________ ।

3) क: क्या हम(남) ऑफ़िस में हैं ?
ख: हम पहले ऑफ़िस में ________, अभी घर में ________ ।

4) क: क्या वह(여) मार्केट में है ?
ख: वह पहले मार्केट में ________, अभी घर में ________ ।

5. 보기에 주어진 **क** 와 **ख**의 문답을 참고하여 질문에 답하시오.

보기

क: क्या वे(남) यहाँ हैं ? (☞ अभी, कल)
ख: वे अभी यहाँ हैं, किन्तु कल यहाँ नहीं होंगे ।

1) क: क्या तुम(여) भारत में हो ? (☞ अभी, कल)
ख: ________________________________

2) क: क्या आप(남) दिल्ली में हैं ? (☞ अभी, कल)
ख: ________________________________

3) क: क्या वह(여) कोरिया में है ? (☞ अभी, कल)
ख: ________________________________

4) क: क्या वे(남) सउल में हैं ? (☞ अभी, कल)
ख: ________________________________

6. 괄호 안에 주어진 어휘를 활용하여 힌디어로 작문하시오.

1) 나는 아들이었다. (**बेटा**, **होना** 과거시제)

2) 그는 아버지일 것이다. (**पिता**, **होना** 미래시제)

3) 너는 딸이다. (**बेटी**, **होना** 현재시제)

4) 당신은 어머니일 것이다. (**माता**, **होना** 미래시제)

5) 이것은 쌌었다. (이것(남), **सस्ता**, **होना** 과거시제)

6) 그것은 비쌀 것이다. (그것(남), **महँगा**, **होना** 미래시제)

어 휘

अभी (부) 지금, 방금
कल (부) 어제, 내일
कोरिया (남) 대한민국
क्लास (남) 교실, 수업
छात्र (남) 남학생
डॉक्टर (남) 의사
नहीं (부) 아니오, 안
पिता (남) 아버지
बच्ची (여) 여자아이
बेटा (남) 아들
भारत (남) 인도
माता (여) 어머니
में (후) ~ 안에
लड़का (남) 소년
सउल (남) 서울
स्कूल (남) 학교
ऑफ़िस (남) 사무실
किन्तु (접) 그러나
क्या (의) 무엇
घर (남) 집
छात्रा (여) 여학생
दिल्ली (여) 델리
पहले (부) 이전에
बच्चा (남) 남자아이
बाज़ार (남) 시장
बेटी (여) 딸
महँगा (형) 비싼
मार्केट (남) 시장
यहाँ (부) 이곳, 여기
लड़की (여) 소녀
सस्ता (형) 싼

연습문제 해답

1 1) हूँ 2) हो
3) हैं 4) हैं
5) है 6) हैं

2 1) था 2) थीं
3) थीं 4) था
5) थी 6) थे

3 1) होऊँगी / हूँगी 2) होगे
3) होगी 4) होंगे
5) होंगे 6) होगा

4 1) था, हूँ 2) थी, हूँ
3) थे, हैं 4) थी, है

5 1) मैं अभी भारत में हूँ, किन्तु कल भारत में नहीं होऊँगी / हूँगी ।
2) मैं अभी दिल्ली में हूँ, किन्तु कल दिल्ली में नहीं होऊँगा / हूँगा ।
3) वह अभी कोरिया में है, किन्तु कल कोरिया में नहीं होगी ।
4) वे अभी सउल में हैं, किन्तु कल सउल में नहीं होंगे ।

6 1) मैं बेटा था । 2) वह पिता होगा ।
3) तुम बेटी हो । 4) आप माता होंगी ।
5) यह सस्ता था । 6) वह महँगा होगा ।

제3장

형태변화

힌디어에서 명사, 형용사, 분사, 대명사 등은 남성과 여성, 단수와 복수, 직격과 사격 등에 따른 형태변화를 한다.

1. 명사 변화

명사는 남성 또는 여성의 문법적 성을 지닌다. 그리고 수와 격에 따라 변화한다. 수는 단수와 복수로, 격은 직격과 사격으로 구분된다. 직격은 후치사를 동반하지 않은 명사가 취하는 형태이며 사격은 후치사를 동반하는 명사가 취하는 형태이다.

가. -आ로 끝나는 남성명사: लड़का '소년'

	단수	복수
직격	लड़का	लड़के
사격	लड़के	लड़कों

* **कमरा** '방', **पैसा** '돈', **कुत्ता** '개', **रास्ता** '길'

나. -आ로 끝나지 않는 남성명사: घर '집'

	단수	복수
직격	घर	घर
사격	घर	घरों

* **नाम** '이름', **दोस्त** '친구', **अख़बार** '신문', **आदमी** '사람', **हिंदू** '힌두(人)'

-आँ으로 끝나는 명사들은 비음을 유지하며 **लड़का**의 변화표를 따른다.

예) कुआँ '우물': कुआँ, कुएँ, कुएँ, कुओं

-आ로 끝나는 남성명사 중에 일부는 **घर**의 변화표를 따른다. 이에는 친족관계를 나타내는 단어들 중에서 동일한 음절의 중첩으로 이루어진 단어들(**नाना** '외조부', **दादा** '친조부'), 산스끄리뜨어에서 차용한 단어들(**पिता** '아버지', **राजा** '왕', **देवता** '신', **दाता** '주는 사람') 등이 포함된다.

예) चाचा '삼촌': चाचा, चाचा, चाचा, चाचाओं

आदमी '사람', **हिंदू** '힌두(人)' 등에서처럼 장모음 **-ई**, **-ऊ**로 끝나는 단어들은 복수사격접사 앞에서 단모음화한다. 그리고 **-ई** 모음이 변화할 때는 전이음 **य**가 뒤따른다.

예) आदमियों, हिंदुओं

호격에서 단수는 단수사격 형태를 따르며, 복수는 접사 **-ओ**로 표현된다.

예) लड़के '소년아', लड़को '소년들아'

☞ 실제 용법에서 호격단수는 단수직격 형태로 표현되기도 한다.

다. -ई로 끝나는 여성명사: लड़की '소녀'

	단수	복수
직격	लड़की	लड़कियाँ
사격	लड़की	लड़कियों

* **नदी** '강', **गाड़ी** '차(車)', **ख़ुशी** '기쁨', **खिड़की** '창문'

라. -इया로 끝나는 여성명사: चिड़िया '새'

	단수	복수
직격	चिड़िया	चिड़ियाँ
사격	चिड़िया	चिड़ियों

* **डिबिया** '작은 상자'

마. 기타 형태로 끝나는 여성명사: मेज़ '테이블'

	단수	복수
직격	मेज़	मेज़ें
사격	मेज़	मेज़ों

* **दुकान** '가게', **गाय** '소', **क़मीज़** '셔츠', **किताब** '책', **भाषा** '언어'

산스끄리뜨어에서 차용한 -**इ**로 끝나는 여성명사는 **लड़की** 처럼 변한다.

예) **स्थिति** '상태': **स्थिति**, **स्थिति**, **स्थितियाँ**, **स्थितियों**

-**आ**로 끝나는 여성명사 변화의 실례는 아래와 같다.

예) **माता** '어머니': **माता**, **माता**, **माताएँ**, **माताओं**

호격의 변화는 남성의 경우와 같다.

예) **लड़की** '소녀야', **लड़कियो** '소녀들아'

2. 형용사 변화

가. 형용사들 중에서 -आ로 끝나는 형용사는 명사의 성, 수, 격에 일치한다.

수	격	남성	여성
단수	직격	अच्छा	अच्छी
	사격	अच्छे	अच्छी
복수	직격	अच्छे	अच्छी
	사격	अच्छे	अच्छी

나. -आँ으로 끝나는 형용사는 비음을 유지하며 위 변화표를 따른다.

예) दायाँ '오른편의': दायाँ, दायें, दायीं

다. -आ로 끝나지 않는 형용사들은 변화하지 않는다.

예) ठीक '좋은', ख़ुश '기쁜', सुंदर '아름다운', ख़राब '나쁜', चतुर '영리한'

-**आ**로 끝나는 형용사 중에서 **बढ़िया** '훌륭한', **ज़िंदा** '살아 있는' , **पैदा** '생산된/태어난', **ज़्यादा** '많은', **सलाना** '일년의', **रोज़ाना** '매일의', **शरमिंदा** '부끄러운/부끄러워하는' 등의 형용사들은 변화하지 않는다.

यह मछली ज़िंदा है । '이 물고기는 살아 있다.'
यह चीज़ बढ़िया है । '이 물건은 좋다.'

형용사는 관형적 용법과 서술적 용법을 갖는다.

관형적 용법
वह अच्छा लड़का है । '그는 좋은 소년이다.'
वे अच्छे लड़के हैं । '그들은 좋은 소년들이다.'
अच्छे कमरे में '좋은 방에'

서술적 용법
वह लड़का अच्छा है । '그 소년은 착하다.'
वे लड़के अच्छे हैं । '그 소년들은 착하다.'
गोपाल ने रामदास को मोटा समझा । '고빨은 람다스를 뚱뚱하다고 생각했다.'
गोपाल को सीता सुंदर लगी । '고빨은 씨따가 예쁘다고 느꼈다.'

3. 분사 변화

분사는 동사의 어간과 분사접사가 결합하여 만들어지는 형태로 형용사, 명사, 또는 부사의 기능을 한다. 분사가 부사로 쓰이는 경우에는 형태변화를 하지 않으나 형용사나 명사로 사용되는 경우에는 성, 수, 격 등에 따른 변화를 한다.

가. 형용사적 용법을 갖는 경우

미완료분사와 완료분사는 기본형태가 **-आ**로 끝나며 형용사로 쓰일 때는 **-आ**로 끝나는 형용사처럼 변한다.

미완료분사 (**चलता**, [어간 **चल** '가다' + 미완료접사 –**ता**])

수	격	남성	여성
단수	직격	चलता	चलती
	사격	चलते	चलती
복수	직격	चलते	चलती
	사격	चलते	चलती

완료분사 (**चला**, [어간 **चल** '가다' + 완료접사 –**आ**])

수	격	남성	여성
단수	직격	चला	चली
	사격	चले	चली
복수	직격	चले	चली
	사격	चले	चली

분사가 **चलता हुआ**, **चला हुआ** 등과 같이 **हुआ**를 동반하는 경우, **हुआ**도 전자와 동일한 변화형태를 갖는다.

예) चलता हुआ, चलते हुए, चलती हुई

분사가 문장에서 본동사로 쓰이는 경우의 변화표는 아래와 같다.

	격	남성	여성
미완료	단수	चलता	चलती
	복수	चलते	चलती / चलतीं
완료	단수	चला	चली
	복수	चले	चली / चलीं

☞ 서법조동사나 시제조동사 없이 분사로 문장이 끝나는 경우 여성복수는 चलतीं, चलीं으로 쓰인다.

나. 명사적 용법을 갖는 경우

분사가 명사로 쓰일 때, 남성의 경우에는 **-आ**로 끝나는 명사처럼, 여성의 경우에는 **-ई**로 끝나는 명사처럼 변화한다.

미완료분사 **चलता**의 예

수	격	남성	여성
단수	직격	चलता	चलती
	사격	चलते	चलती
복수	직격	चलते	चलतियाँ
	사격	चलतों	चलतियों

분사가 **चलता हुआ**, **चला हुआ** 등과 같이 **हुआ**를 동반하는 경우, 복수에서 두 요소가 서로 다른 변화형태를 보여준다.

미완료분사 **चलता हुआ**의 예

수	격	남성	여성
단수	직격	चलता हुआ	चलती हुई
	사격	चलते हुए	चलती हुई
복수	직격	चलते हुए	चलती हुइयाँ
	사격	चलते हुओं	चलती हुइयों

4. 인칭대명사 변화

인칭	1인칭		2인칭			3인칭			
직격	मैं	हम	तू	तुम	आप	यह	वह	ये	वे
사격	मुझ	हम	तुझ	तुम	आप	इस	उस	इन	उन
목적격	मुझे	हमें	तुझे	तुम्हें	आपको	इसे	उसे	इन्हें	उन्हें
소유격	मेरा	हमारा	तेरा	तुम्हारा	आपका	इसका	उसका	इनका	उनका

목적격 대명사는 사격과 목적격 후치사 **को**가 결합된 축약형태이다. 소유격 대명사는 –**आ**로 끝나는 형용사처럼 수식을 받는 명사의 성, 수, 격에 따라 변화한다.

예) मेरा, मेरे, मेरी

연습문제

1. 아래 주어진 명사의 단수사격, 복수직격, 복수사격의 형태를 넣으시오.

1) पैसा ________, ________, ________

2) नाम ________, ________, ________

3) राजा ________, ________, ________

4) हिंदू ________, ________, ________

5) खिड़की ________, ________, ________

6) डिबिया ________, ________, ________

7) क़मीज़ ________, ________, ________

8) भाषा ________, ________, ________

2. 괄호 안에 주어진 명사의 적합한 형태를 각각의 빈칸에 넣으시오.

1) कमरे में दो ________ और तीन ________ हैं।
(लड़का, लड़की)

2) घर में एक ________, दो ________ और तीन ________ हैं।
(दादा, चाचा, बेटा)

3) मेज़ पर दो ________ और तीन ________ हैं।
(अख़बार, किताब)

4) रास्ते में एक ________, दो ________ और तीन ________ हैं।
(गाय, कुत्ता, चिड़िया)

3. 괄호 안에 주어진 형용사의 적합한 형태를 빈칸에 넣으시오.

1) **घर में ______ पिता, ______ माता, ______ बेटे और ______ बेटियाँ हैं । (अच्छा)**

2) **दुकान में ____________ किताबें और ____________ अख़बार हैं । (ज़्यादा)**

3) **____________ पिताओं के ____________ बेटे होते हैं । (अच्छा, बढ़िया)**

4) **आपके क्लास में __________ लड़के और __________ लड़कियाँ हैं । (चतुर, सुंदर)**

4. 괄호 안에 주어진 명사의 적합한 형태를 각각의 빈칸에 넣으시오.

1) **दिल्ली में ____________ ज़्यादा हैं । सब ____________ में अच्छी चीज़ें हैं ।**
मेरी ____________ में भी अच्छी चीज़ है । (दुकान)

2) **सउल में ____________ ज़्यादा हैं । सब ____________ में टेलीफ़ोन हैं ।**
मेरे ____________ में भी टेलीफ़ोन है । (घर)

3) **रास्ते में ____________ ज़्यादा हैं । बहुत ____________ में ब्लैक बक्स हैं ।**
मेरी ____________ में भी ब्लैक बक्स है । (गाड़ी)

5. 보기에 주어진 **क**와 **ख**의 문답을 참고하여 질문에 답하시오.

보기

क: क्या सारे कमरे बड़े हैं ? (☞ छोटा)
ख: नहीं, केवल एक कमरा बड़ा है, बाक़ी कमरे छोटे हैं ।

1) **क: क्या सारी खिड़कियाँ खुली हैं ? (☞ बंद)**
ख: नहीं, ________________________________

2) **क: क्या सारी बातें ख़राब हैं ? (☞ ठीक)**
ख: नहीं, ________________________________

3) **क: क्या सारे टीवी नये हैं ? (☞ पुराना)**
ख: नहीं, ________________________________

6. 보기에 주어진 **क**와 **ख**의 문답을 참고하여 질문에 답하시오.

보기

क: आपके तीन लड़के कहाँ हैं ? (☞ कमरा, में ; स्कूल, में)
ख: मेरे दो लड़के कमरे में हैं और एक लड़का स्कूल में है ।

1) **क: आपकी तीन गायें कहाँ हैं ? (☞ मैदान, में ; घर, में)**

ख: ______________________________

2) **क: आपके तीन कुत्ते कहाँ हैं ? (☞ घर, में ; रास्ता, में)**

ख: ______________________________

3) **क: आपकी तीन किताबें कहाँ हैं ? (☞ मेज़, पर ; कुर्सी, पर)**

ख: ______________________________

7. 괄호 안에 주어진 어휘를 활용하여 힌디어로 작문하시오.

1) 우리의 학급에 좋은 친구들이 많이 있습니다.

(क्लास, अच्छा, दोस्त, ज़्यादा)

____

2) 인도에서 가장 훌륭한 왕은 누구였습니까?

(भारत, सब से, बढ़िया, राजा, कौन)

____

3) 힌두들의 사원들에 수많은 신들이 있습니다.

(हिन्दू, का, मंदिर, में, देवता, अनेक)

____

4) 이 물고기는 강에서 태어난다, 그래서 바다에서 살지 못할 것이다.

(मछली, नदी, पैदा, इसलिए, समुद्र, ज़िंदा)

____

어휘

अख़बार (남) 신문
अनेक (형) 많은
इसलिए (접) 그래서, 그러므로
क़मीज़ (여) 셔츠
कुआँ (남) 우물
कौन (의) 누구
खुला (형) 열린
गाड़ी (여) 자동차
चलना (자동) 가다
चिड़िया (여) 새
छोटा (형) 작은
ज़्यादा (형) 많은
टेलीफ़ोन (남) 전화
डिबिया (여) 작은 상자
दादा (남) 친할아버지
दुकान (여) 가게
दोस्त (남) 친구
नया (형) 새로운
पर (후) ~에
पैदा (형) 생산된, 태어난
बंद (형) 닫힌
बढ़िया (형) 훌륭한
बाक़ी (형) 남아 있는 (여) 나머지
ब्लैक बक्स (남) 블랙박스
भी (부) ~도
मछली (여) 물고기
मैदान (남) 들판, 운동장
अच्छा (형) 좋은
आदमी (남) 사람, 남자
कमरा (남) 방
किताब (여) 책
कुर्सी (여) 의자
खिड़की (여) 창문
ख़ुशी (여) 기쁨
गाय (여) 소, 암소
चाचा (남) 삼촌
चीज़ (여) 물건
ज़िंदा (형) 살아 있는
टीवी (남) T.V.
ठीक (형) 옳은, 정확한
दाता (남) 주는 사람
दायाँ (형) 오른편의, 오른쪽의
देवता (남) 신
नदी (여) 강
नाम (남) 이름
पुराना (형) 오래된
पैसा (남) 돈
बड़ा (형) 큰
बहुत (형) 많은
बात (여) 일, 이야기
भाषा (여) 언어
मंदिर (남) 사원
में (후) ~에
राजा (남) 왕

रास्ता (남) 길

शरमिंदा (형) 부끄러워하는, 부끄러운

सब से (부) 가장

सलाना (형) 일년의

हिंदू (남) 힌두교도, 힌두(人)

रोज़ाना (형) 매일의

सब (형)모든 (대) 모두

समुद्र (남) 바다

स्थिति (여) 상태, 상황

연습문제 해답

1 1) पैसे, पैसे, पैसों
2) नाम, नाम, नामों
3) राजा, राजा, राजाओं
4) हिन्दू, हिन्दू, हिन्दुओं
5) खिड़की, खिड़कियाँ, खिड़कियों
6) डिबिया, डिबियाँ, डिबियों
7) क़मीज़, क़मीज़ें, क़मीज़ों
8) भाषा, भाषाएँ, भाषाओं

2 1) लड़के, लड़कियाँ
2) दादा, चाचा, बेटे
3) अख़बार, किताबें
4) गाय, कुत्ते, चिड़ियाँ

3 1) अच्छा, अच्छी, अच्छे, अच्छी
2) ज़्यादा, ज़्यादा
3) अच्छे, बढ़िया
4) चतुर, सुंदर

4 1) दुकानें, दुकानों, दुकान
2) घर, घरों, घर
3) गाड़ियाँ, गाड़ियों, गाड़ी

5 1) केवल एक खिड़की खुली है, बाक़ी खिड़कियाँ बंद हैं ।
2) केवल एक बात ख़राब है, बाक़ी बातें ठीक हैं ।
3) केवल एक टीवी नया है, बाक़ी टीवी पुराने हैं ।

6 1) मेरी दो गायें मैदान में हैं और एक गाय घर में है ।
2) मेरे दो कुत्ते घर में हैं और एक कुत्ता रास्ते में है ।
3) मेरी दो किताबें मेज़ पर हैं और एक किताब कुर्सी पर है ।

7 1) हमारे क्लास में अच्छे दोस्त ज़्यादा हैं ।
2) भारत में सब से बढ़िया राजा कौन था ?
3) हिन्दुओं के मंदिरों में अनेक देवता हैं ।
4) यह मछली नदी में पैदा होती है इसलिए समुद्र में ज़िंदा नहीं होगी ।

제4장

시제 1

1. 현재미완료 [–ता + है]

인칭	남성	여성
मैं	चलता हूँ	चलती हूँ
तू	चलता है	चलती है
वह	चलता है	चलती है
हम	चलते हैं	चलती हैं
तुम	चलते हो	चलती हो
वे	चलते हैं	चलती हैं

होना 동사의 현재시제 형태인 **हूँ**, **है**, **हो**, **हैं** 등은 조동사로 쓰여 현재시제를 나타낸다. 미완료접사 **–ता**는 동사의 어간에 붙어 미완료상을 표현한다. 가령, **चलना** '가다' 의 어간 **चल**-에 미완료접사 **–ता**가 붙어 미완료분사 **चलता**의 형태가 만들어진다. **चलता**는 **-आ**로 끝나는 형용사처럼 변화한다.

습관적인 행동, 일반적 사실, 또는 현재 완료되지 않은 행위나 사건 등을 표현한다.

मैं रोज़ दफ़्तर जाता हूँ । '내가 매일 사무실에 간다.'
बच्चा प्यारा होता है । '아기는 귀엽다.' (일반성)
☞ यह बच्चा प्यारा है । '이 아기가 귀엽다.' (개별성)
राम दिल्ली में काम करता है । '람이 델리에서 일한다.'
वह भारत में रहता है । '그가 인도에 산다.'
सीता खाना खाती है । '씨따가 음식을 먹는다.'

문맥에 따라 가까운 미래를 나타내기도 한다.

मैं अभी चलता हूँ । '내가 지금 갈 것이다.'
हम अभी चलते हैं । '우리가 지금 갈 것이다.'

부정어 **नहीं**이 함께 쓰일 때는 일반적으로 현재시제표지가 생략된다. 여성복수의 경우에는 분사가 비모음(**अनुनासिक**)으로 끝난다.

वह भारत में नहीं रहता । '그가 인도에 살지 않는다.'
सीता और कमला खाना नहीं खातीं । '씨따와 까믈라가 음식을 먹지 않는다.'

2. 과거미완료/과거습관 [–ता + था]

인칭	남성	여성
मैं	चलता था	चलती थी
तू	चलता था	चलती थी
वह	चलता था	चलती थी
हम	चलते थे	चलती थीं
तुम	चलते थे	चलती थीं
वे	चलते थे	चलती थीं

과거시제는 **होना** 동사의 과거시제 형태인 **था**, **थे**, **थी**, **थीं**에 의해 표현된다. 과거시제에서 미완료접사 **–ता**는 과거의 습관을 표현하는 데 자주 쓰이기 때문에 과거미완료를 과거습관시제라고 부르기도 한다. 과거시제표지의 여성 변화에서 단수와 복수가 비모음으로 구별됨을 주의해야 한다.

과거에 일정기간 지속된 습관적 행위나 일을 표현한다.

पुराने ज़माने में एक राजा रहता था । '옛날에 한 임금님이 살았었다.'
पिछले साल हम रोज़ यहाँ खेलते थे । '지난해 우리가 매일 여기서 놀았었다.'
उन दिनों मैं कोलकाता में रहता था । '그 당시에 내가 꼴까따에 살았었다.'
बचपन में वह फल खाता था । '어릴 때 그가 과일을 먹었었다.'
वे लोग सवेरे जल्दी उठते थे । '그들이 아침에 일찍 일어났었다.'

이야기체에서 과거시제표지가 생략되기도 한다.

उन दिनों वे लोग यहाँ खेलते और खाना खाते । '그 당시 그들이 여기서 놀고 식사했었다.'
उसके बाद शराब पीते और रात भर नाचते । '그 후에 술을 마시고 밤새 춤을 추었었다.'

3. 현재진행 [रहा + है]

인칭	남성	여성
मैं	चल रहा हूँ	चल रही हूँ
तू	चल रहा है	चल रही है
वह	चल रहा है	चल रही है
हम	चल रहे हैं	चल रही हैं
तुम	चल रहे हो	चल रही हो
वे	चल रहे हैं	चल रही हैं

चलना '가다' 의 어간 **चल**–이 진행을 나타내는 조동사 **रहा**(**रहना** '머물다'의 완료분사 형태)와 함께 쓰여 진행을 나타낸다. **रहा**는 –**आ**로 끝나는 형용사처럼 변화한다.

현재 진행 중인 행위나 최근에 일시적으로 하고 있는 일을 표현한다.

वह अभी आ रहा है । '그가 지금 오고 있다.'
मैं स्कूल जा रहा हूँ । '내가 학교에 가고 있다.'
वे खाना खा रहे हैं । '그들이 음식을 먹고 있다.'
हम रेडियो पर समाचार सुन रहे हैं । '우리가 라디오로 뉴스를 듣고 있다.'

मेरा बच्चा आजकल हिंदी पढ़ रहा है । '내 아이가 요즘 힌디어를 공부하고 있다.'

이미 정해진 일이 가까운 미래에 일어날 것을 표현하기도 한다.

हम कल भारत जा रहे हैं । '우리가 내일 인도에 갈 것이다.'
मेरी बहन आज शाम को मसूरी जा रही है । '내 누이가 오늘 저녁 마수리에 갈 것이다.'
तुम कल कहाँ जा रहे हो ? '너 내일 어디 갈 거니?'

4. 과거진행 [रहा + था]

인칭	남성	여성
मैं	चल रहा था	चल रही थी
तू	चल रहा था	चल रही थी
वह	चल रहा था	चल रही थी
हम	चल रहे थे	चल रही थीं
तुम	चल रहे थे	चल रही थीं
वे	चल रहे थे	चल रही थीं

동작의 진행을 나타내는 조동사 **रहा**가 과거시제표지 **था**와 함께 쓰여 과거진행을 나타낸다. 과거시제표지의 여성 변화에서 단수와 복수가 비모음으로 구별됨을 주의해야 한다.

과거의 특정 시점을 전후해서 진행 중이던 일을 표현한다.

वह चल रहा था । '그가 가고 있었다.'
मैं चिट्ठी पढ़ रहा था । '내가 편지를 읽고 있었다.'
वे खाना खा रहे थे । '그들이 음식을 먹고 있었다.'
हम समाचार सुन रहे थे । '우리가 뉴스를 듣고 있었다.'
बच्चे मैदान में खेल रहे थे । '아이들이 운동장에서 놀고 있었다.'

연습문제

1. 보기를 참고하여 빈칸을 적합한 동사의 형태로 채우시오.

보기

क: तुम कल शाम को कहाँ खेल रहे थे ?
ख: मैं कल शाम को मैदान में खेल रहा था ।
अभी वहाँ राम खेल रहा है ।

1) क: आप लोग कल शाम को हिंदी कहाँ पढ़ रहे थे ?
ख: हम लोग कल शाम को घर में हिंदी ______________ ।
अभी वहाँ सीता ______________ ।

2) क: आप लोग कल शाम को कहाँ जा रही थीं ?
ख: हम लोग कल शाम को मसूरी ______________ ।
अभी वहाँ पिताजी ______________ ।

3) क: सीता कल शाम को अख़बार कहाँ पढ़ रही थी ?
ख: वह कल शाम को रास्ते में अख़बार ______________ ।
अभी वहाँ मोहन ______________ ।

4) क: तुम कल शाम को कहाँ जा रहे थे ?
ख: मैं कल शाम को दुकान ______________ ।
अभी वहाँ मैं ______________ ।

5) क: आप कल शाम को कहाँ चल रहे थे ?
ख: मैं कल शाम को दिल्ली ______________ ।
अभी वहाँ मेरी बहन ______________ ।

2. 보기에 주어진 **क**와 **ख**의 문답을 참고하여 질문에 답하시오.

보기

क: क्या आप सवेरे जल्दी उठते हैं ? (☞ पिछले साल, आजकल, देर से)
ख: मैं पिछले साल सवेरे जल्दी उठता था, किन्तु आजकल देर से उठता हूँ ।

1) **क: क्या तुम मसूरी में काम करती हो ?**

(☞ पिछले साल, आजकल, कोलकाता)

ख: ______________________

2) **क: क्या आप लोग भारत में रहते हैं ?**

(☞ पिछले साल, आजकल, कोरिया)

ख: ______________________

3) **क: क्या सीता और कमला यहाँ खेलती हैं ?**

(☞ पिछले साल, आजकल, नहीं)

ख: ______________________

4) **क: क्या राम शाम को फल खाता है ?**

(☞ पिछले साल, आजकल, नहीं)

ख: ______________________

5) **क: क्या लड़के रोज़ मैदान में खेलते हैं ?**

(☞ पिछले साल, आजकल, नहीं)

ख: ______________________

3. 괄호 안에 주어진 어휘를 활용하여 힌디어로 작문하시오.

1) 당과는 달다. 그런데 이 당과는 덜 달다. (**मिठाई**, **मीठा**, **कम**)

2) 어머니가 항상 집 안에 유쾌함을 가득하게 하신다.
(**माताजी**, **हमेशा**, **ख़ुशी**, **भरना**)

3) 삼촌이 오늘 저녁에 나의 집에 오실 것이다. (**चाचाजी**, **मेरे घर**, 현재진행)

4) 옛날에 나의 친할아버지께서 이 성에서 사셨다. (**दादाजी**, **इस क़िले में**)

어 휘

अभी (부) 지금
उठना (자동) 일어나다
कम (형) 적은 (부) 적게
करना (타동) 하다
क़िला (남) 성(城)
खाना (남) 음식 (타동) 먹다
चलना (자동) 가다
ज़माना (남) 시간, 기간
जाना (자동) 가다
दिन (남) 하루, 날, 낮
नाचना (자동) 춤추다
पिछला (형) 지난
पुराना (형) 옛날의, 오래된
फल (남) 과일
बहन (여) 여자 형제
भरना (자동/타동) 차다, 채우다
मिठाई (여) 스위트, 당과
मैदान (남) 운동장
रहना (자동) 살다
रात भर (부) 밤새도록
रेडियो (남) 라디오
लोग (남) 사람들
शराब (여) 술
सवेरा (남) 아침
साल (남) 년
सुनना (타동) 듣다
हिंदी (여) 힌디어

आजकल (부) 요즘
और (접) 그리고
कमला (여) 까믈라 (여자이름)
काम (남) 일
कोलकाता (남) 꼴까따 (지명)
खेलना (자동/타동) 놀다
चिट्ठी (여) 편지
जल्दी (부) 빨리 (여) 급함
जी (불) 님, 씨
देर (부) 늦게, (여) 지연
पढ़ना (타동) 읽다, 공부하다
पीना (타동) 마시다
प्यारा (형) 귀여운
बचपन (남) 어린 시절, 유년기
बाद (부) 후에
मसूरी (여) 마수리 (지명)
मीठा (형) 단, 달콤한
यहाँ (부) 이곳, 여기
रात (여) 밤
राम (남) 람 (남자이름)
रोज़ (부) 매일
वहाँ (부) 그곳, 거기
शाम (남) 저녁
समाचार (남) 소식, 뉴스
सीता (여) 시따 (여자이름)
हमेशा (부) 항상

연습문제 해답

1 1) पढ़ रहे थे, पढ़ रही है

2) जा रही थीं, जा रहे हैं

3) पढ़ रही थी, पढ़ रहा है

4) जा रहा था, जा रहा हूँ

5) चल रहा था, चल रही है

2 1) मैं पिछले साल मसूरी में काम करती थी, किन्तु आजकल कोलकाता में काम करती हूँ ।

2) हम लोग पिछले साल भारत में रहते थे, किन्तु आजकल कोरिया में रहते हैं।

3) वे पिछले साल यहाँ खेलती थीं, किन्तु आजकल यहाँ नहीं खेलतीं ।

4) वह पिछले साल शाम को फल खाता था, किन्तु आजकल नहीं खाता ।

5) वे पिछले साल रोज़ मैदान में खेलते थे, किन्तु आजकल नहीं खेलते ।

3 1) मिठाई मीठी होती है, किन्तु यह मिठाई कम मीठी है ।

2) माताजी हमेशा घर में ख़ुशियाँ भरती हैं ।

3) चाचाजी आज शाम को मेरे घर आ रहे हैं ।

4) मेरे दादाजी पुराने ज़माने में इस क़िले में रहते थे ।

제5장

시제 2

1. 완료분사 형성 규칙

완료분사는 동사의 어간과 완료접사의 결합으로 형성된다. 완료접사는 성과 수에 따라 **–आ**, **–ए**, **–ई**, **–ईं** 등의 형태를 가지며 이들이 어간과 결합할 때 나타나는 음운현상은 아래와 같이 세 유형으로 구분된다.

(1) 어간이 **-अ**로 끝나는 경우 **-अ**를 생략하고 완료접사를 붙인다.

어간	남성단수 –**आ**	남성복수 –**ए**	여성단수 –**ई**	여성복수 –**ईं**
चल- '가다'	**चला**	**चले**	**चली**	**चलीं**

(2) 어간이 **-आ**, **-ओ**, **-ए**, **-ई**로 끝나는 경우 남성단수 완료접사 **–आ**와 결합시 전이음 **य्**가 삽입된다. **-ए**로 끝나는 경우는 남성복수 완료접사 **–ए** 앞에서도 전이음 **य्**가 삽입된다. 기타의 경우는 위 (1)과 동일하다.

어간	남성단수 –आ	남성복수 –ए	여성단수 –ई	여성복수 –ईं
आ- '오다'	आया	आए	आई	आईं
सो- '자다'	सोया	सोए	सोई	सोईं
खे- '노 젓다'	खेया	खेये	खेई	खेईं
पी- '마시다'	पिया	पिए	पी	पीं

(3) 어간이 **-ई**, **-ऊ**로 끝나는 경우 완료접사와 결합시 단모음화된다. 어간의 **-ई**가 접사 **–ई**와 만나는 경우는 하나의 **–ई**만 남는다(**ई** + **ई** = **ई**).

어간	남성단수 –आ	남성복수 –ए	여성단수 –ई	여성복수 –ईं
पी- '마시다'	पिया	पिए	पी	पीं
छू- '건들다'	छुआ	छुए	छुई	छुईं

위 표들에서 제시된 여성복수 형태는 단순과거에서만 쓰인다. 단순과거 이외의 시제에서 완료분사의 여성복수 형태는 여성단수 형태와 동일하다.

(4) 아래 동사들은 불규칙 변화를 한다.

동사	남성단수	남성복수	여성단수	여성복수
करना '하다'	किया	किए	की	कीं
लेना '갖다'	लिया	लिए	ली	लीं
देना '주다'	दिया	दिए	दी	दीं
जाना '가다'	गया	गए	गई	गईं
होना '되다'	हुआ	हुए	हुई	हुईं

위 표에서 제시된 여성복수 형태는 규칙동사의 경우와 마찬가지로 단순과거에서만 쓰인다. 단순과거 이외의 시제에서 완료분사의 여성복수 형태는 여성단수 형태와 동일하다.

2. 현재완료 [-आ + है]

현재완료시제는 완료분사와 현재시제표지(हूँ, हो, है, हैं)로 표현된다.

인칭	남성	여성
मैं	चला हूँ	चली हूँ
तू	चला है	चली है
वह	चला है	चली है
हम	चले हैं	चली हैं
तुम	चले हो	चली हो
वे	चले हैं	चली हैं

현재완료는 이미 일어난 행위가 현재성을 갖고 있을 때 쓰인다. 최근 또는 방금 완료된 행위를 표현하기도 하며 과거 행위의 결과가 현재 지속되고 있음을 표현하기도 한다.

हम अभी आए हैं । '우리가 방금 왔다.'
वह अब तक नहीं आया है । '그가 아직 오지 않았다.'
मैं कल रात को आया हूँ । '내가 어젯밤에 와 있다.'
वह कुरसी पर बैठी है । '그녀가 의자에 앉아 있다.'
दरवाज़ा खुला है । '문이 열려 있다.'

3. 과거완료 [–आ + था]

과거완료시제는 완료분사와 과거시제표지(**था**, **थे**, **थी**, **थीं**)로 표현된다.

인칭	남성	여성
मैं	चला था	चली थी
तू	चला था	चली थी
वह	चला था	चली थी
हम	चले थे	चली थीं
तुम	चले थे	चली थीं
वे	चले थे	चली थीं

과거완료는 현재완료의 개념을 과거로 적용하면 이해가 쉽다. 과거에 일어난 행위가 현재와는 완전히 단절되어 있을 때 쓰인다. 과거의 경험을 표현하는 데 자주 쓰이며 이미 일어난 일의 결과로 남아 있는 과거의 상태를 표현하는 데 쓰이기도 한다.

मैं कल यहाँ आया था । '내가 어제 여기에 왔었다.'
☞ मैं कल यहाँ आया हूँ । '내가 어제부터 여기에 와 있다.'
मैं भारत गया था । '내가 인도에 간 적이 있다.'
वह सोया था । '그가 잠들어 있었다.'
वह चटाई पर बैठी थी । '그녀가 매트에 앉아 있었다.'
लोग ज़मीन पर लेटे थे । '사람들이 땅에 누워 있었다.'

4. 단순과거 [-आ]

단순과거는 별도의 시제표지 없이 완료분사만으로 표현된다. 여성 변화에서 단수와 복수가 비모음으로 구별됨을 주의해야 한다.

인칭	남성	여성
मैं	चला	चली
तू	चला	चली
वह	चला	चली
हम	चले	चलीं
तुम	चले	चलीं
वे	चले	चलीं

단순과거는 과거에 일회적으로 완료된 일이나 행위를 표현한다.

पिताजी सात बजे उठे । '아버지가 7시에 일어나셨다.'
माताजी दोपहर को बाज़ार गईं । '어머니가 점심때 시장에 가셨다.'
बहन शाम को घर आई । '자매가 저녁에 집에 왔다.'
मोहन कुरसी पर बैठा । '모한이 의자에 앉았다.'
मैं दिल्ली में दो महीने रहा । '내가 델리에 두 달 머물렀다.'

과거보다 앞선 일을 과거의 일과 시간적으로 구분하고자 할 때 전자는 과거완료로 후자는 단순과거로 표현된다.

दीपक सोया था, इसलिए अध्यापक नाराज़ हुए ।
'디빠끄가 잠들어 있었고, 그래서 선생님이 화가 났다.'

राम ने चोरी की थी, इसलिए उसे सज़ा मिली ।
'람이 도둑질을 했었고 그것으로 그는 벌을 받았다.'
जब लोग उस जगह पहुँचे, तब तक गोपाल दूसरी जगह चला गया था ।
'사람들이 그 장소에 도착했다, 그 동안에 고빨은 다른 곳으로 (이미) 떠나 버렸다.'

5. 행위자격 후치사 ने

힌디어의 능동태에서 주어는 후치사를 동반하지 않는 직격의 형태가 쓰이는 경우와 행위자격 후치사 **ने**를 동반한 사격의 형태가 쓰이는 경우로 구분된다. 일반적으로 문장의 주어는 직격의 형태로 나타난다. 단, 타동사가 완료분사 형태를 취하는 현재완료, 과거완료, 단순과거, 그리고 추정법완료, 가능법완료, 비사실법완료 등에서 주어는 행위자격 후치사 **ने**와 함께 나타난다.
문장에서 동사는 직격의 주어 또는 직격의 목적어에 일치한다. 직격의 주어가 일차적 동사일치 대상이다. 주어가 사격인 경우 직격의 목적어가 동사일치 대상이 된다. 주어와 목적어가 모두 사격인 경우 동사는 비인칭형태를 취한다. 비인칭형태는 3인칭 남성단수의 형태와 같다.

नौकर दरवाज़ा खोलता है । '하인이 문을 연다.' (주어에 일치)
नौकर ने दरवाज़ा खोला है । '하인이 문을 열었다.' (목적어에 일치)
राम रोटी खाता है । '람이 빵을 먹는다.' (주어에 일치)
राम ने रोटी खाई है । '람이 빵을 먹었다.' (목적어에 일치)
सीता दूध पीती है । '씨따가 우유를 마신다.' (주어에 일치)
सीता ने दूध पिया है । '씨따가 우유를 마셨다.' (목적어에 일치)
बच्ची अपनी माँ को जगाती है ।
'여자아이가 자기 엄마를 깨운다.' (주어에 일치)
बच्ची ने अपनी माँ को जगाया ।
'여자아이가 자기 엄마를 깨웠다.' (비인칭)
मोहन ने पत्र लिखा । '모한이 편지를 썼다.' (목적어에 일치)
मोहन ने चिट्ठी लिखी । '모한이 편지를 썼다.' (목적어에 일치)

연습문제

1. 빈칸을 괄호 안에 주어진 자동사의 단순과거 남성 형태로 채우시오.

1) मैं सुबह सात बजे ________________ । (उठना)

2) हम कल शाम को ________________ । (पहुँचना)

3) वह दिल्ली ________________ । (जाना)

2. 빈칸을 괄호 안에 주어진 자동사의 현재완료 여성 형태로 채우시오.

1) हम कुरसी पर ________________ । (बैठना)

2) तुम यहाँ ________________ । (आना)

3) वे कमरे में ________________ । (सोना)

3. 빈칸을 괄호 안에 주어진 타동사의 과거완료 형태로 채우시오.

1) मैंने सवेरे का अख़बार ________________ । (पढ़ना)

2) हमने दो मकान ________________ । (लेना)

3) उसने खिड़की ________________ । (खोलना)

4. 빈칸을 괄호 안에 주어진 타동사의 단순과거 형태로 채우시오.

1) हमने रोटियाँ ________________ । (खाना)

2) तुमने फूल को ________________ । (छूना)

3) उन्होंने किताबों को ________________ । (देना)

5. 보기를 참고하여 문장을 만드시오.

보기

☞ मैं रोज़ कंपनी जाता हूँ, क. लेकिन मैं आज नहीं गया ।
ख. मैं आज भी गया हूँ ।

1) वह रोज़ दोस्त के घर चला जाता है,

क. __________

ख. __________

2) हम रोज़ खेलते हैं,

क. __________

ख. __________

3) आप रोज़ ज़्यादा काम करते हैं,

क. __________

ख. __________

4) तुम रोज़ रेडियो पर समाचार सुनते हो,

क. __________

ख. __________

5) वे रोज़ अपनी बेटी को जगाते हैं,

क. __________

ख. __________

6. 보기를 참고하여 질문에 답하시오.

보기

☞ क्या आप मुंबई गए थे ? हाँ, मैं मुंबई गया था ।

1) क्या तुम कोलकाता में रहे थे ?

2) क्या तुम लोग समय पर स्टेशन पहुँचे थे ?

3) क्या राम बनारस चला गया था ?

4) क्या गोपाल ने सुबह दूध पिया था ?

5) क्या लड़कों ने चिट्ठियाँ लिखी थीं ?

6) क्या आपने दरवाज़े खोले थे ?

7. 괄호 안에 주어진 어휘를 활용하여 힌디어로 작문하시오.

1) 소녀들이 매트 위에 앉아 있다. (**लड़की**, **चटाई**, **पर**, **बैठना**, 현재완료)

2) 우리가 방금 과일을 먹었다. (**हम**, **अभी**, **फल**, **खाना**, 현재완료)

3) 그녀가 작년에 꼴까따에 갔었다.
(**वह**, **पिछले साल**, **कोलकाता**, **जाना**, 과거완료)

4) 내가 이 영화를 지난달에 보았었다.

(**मैं**, **पिछले महीने**, **यह**, **फ़िल्म**, **देखना**, 과거완료)

5) 삼촌께서 어제 일곱 시에 집에 오셨다.

(**चाचाजी**, **कल**, **सात बजे**, **घर**, **आना**, 단순과거)

6) 디빠끄가 지난주에 자전거를 고쳤다.

(**दीपक**, **पिछले हफ़्ते**, **साइकिल**, **ठीक करना**, 단순과거)

어 휘

अपना (형) 자신의
आना (자동) 오다
करना (타동) 하다
को (후) ~을, ~에게
खुलना (자동) 열리다
खोलना (타동) 열다
चटाई (여) 매트
चिट्ठी (여) 편지
जगह (여) 장소
जब (관) ~할 때
छूना (타동) 만지다
तब (부) 그때
दीपक (남) 디빠끄 (남자이름)
दूसरा (형) 두번째의, 다른
दोपहर (남) 점심때, 한낮, 오후
ने (후) ~가
पत्र (남) 편지
पहुँचना (자동) 도착하다
फूल (남) 꽃
बनारस (남) 바나라스
महीना (남) 월(月)
मिलना (자동) 만나다, 얻다
लिखना (타동) 쓰다
लेना (타동) 갖다
साइकिल (여) 자전거
सोना (자동) 자다
अब (부) 지금
कंपनी (여) 회사
के लिए (후) ~을 위하여
खाना (타동) 먹다
खेना (타동) (노를) 젓다
गोपाल (남) 고빨 (남자이름)
चला जाना (자동) 가다, 떠나가다
चोरी (여) 도둑질
जगाना (타동) 깨우다
ज़मीन (여) 땅
तक (후) ~까지
दरवाज़ा (남) 문
दूध (남) 우유
देना (타동) 주다
नाराज़ (형) 화난
नौकर (남) 하인
पर (후) ~에
फ़िल्म (여) 영화
बजे (부) ~시(時)에
बैठना (자동) 앉다
माँ (여) 엄마
रोटी (여) 빵
लेटना (자동) 눕다
सज़ा (여) 처벌
सात (남) 일곱 (형) 일곱의

연습문제 해답

1 1) उठा 2) पहुँचे 3) गया

2 1) बैठी हैं 2) आई हो 3) सोई हैं

3 1) पढ़ा था 2) लिए थे 3) खोली थी

4 1) खाईं 2) छुआ 3) दिया

5 1) क. लेकिन वह आज दोस्त के घर नहीं चला गया ।
ख. वह आज भी दोस्त के घर चला गया है ।

2) क. लेकिन हम आज नहीं खेले ।
ख. हम आज भी खेले हैं ।

3) क. लेकिन आपने आज ज़्यादा काम नहीं किए ।
ख. आपने आज भी ज़्यादा काम किए हैं ।

4) क. लेकिन तुमने आज रेडियो पर समाचार नहीं सुना ।
ख. तुमने आज भी रेडियो पर समाचार सुना है ।

5) क. लेकिन उन्होंने आज अपनी बेटी को नहीं जगाया ।
ख. उन्होंने आज भी अपनी बेटी को जगाया है ।

6 1) हाँ, मैं कोलकाता में रहा था ।

2) हाँ, हम (लोग) समय पर स्टेशन पहुँचे थे ।

3) हाँ, वह बनारस चला गया था ।

4) हाँ, उसने सुबह दूध पिया था ।

5) हाँ, उन्होंने चिट्ठियाँ लिखी थीं ।

6) हाँ, मैंने दरवाज़े खोले थे ।

7 1) लड़कियाँ चटाई पर बैठी हैं ।

2) हमने अभी फल खाया है ।

3) वह पिछले साल कोलकाता गई थी ।

4) मैंने पिछले महीने यह फ़िल्म देखी थी ।

5) चाचाजी कल सात बजे घर आए ।

6) दीपक ने पिछले हफ़्ते साइकिल ठीक की ।

제6장

확정미래와 불확정미래

1. 확정미래 [-एगा]

인칭	남성	여성
मैं	चलूँगा	चलूँगी
तू	चलेगा	चलेगी
वह	चलेगा	चलेगी
हम	चलेंगे	चलेंगी
तुम	चलोगे	चलोगी
वे	चलेंगे	चलेंगी

미래시제는 동사의 어간에 미래시제접사 –**एगा**를 붙여 표현한다. 접사 –**एगा**는 주어의 인칭, 성, 수에 일치한다.

미래의 일을 예측하거나 발생할 객관적 사실을 표현하거나, 화자의 약속이나 의지가 반영된 미래의 확정적인 행위를 나타낸다.

मैं कल आपके यहाँ आऊँगा । '내가 내일 당신 집에 가겠습니다.'
मैं शाम को सिनेमा देखने जाऊँगा । '내가 저녁에 영화 보러 갈 것이다.'
क्या तुम भी जाओगे ? '너도 가겠니?'
क्या राम भी आएगा ? '람도 오는가?'
हम साथ चलेंगे । '우리가 함께 갈 것이다.'

होना 동사의 미래형태인 **होगा**가 쓰인 경우에는 미래 또는 추측을 표현한다. 미래만을 분명히 표현하기 위해 복합동사(**हो जाना**)를 쓰기도 한다.

वह मेरा पड़ोसी होगा । '그가 나의 이웃일 것이다.'
वे बच्चे छात्र हो जाएँगे । '그 아이들이 학생이 될 것이다.'
मैं घर में हूँगा । '내가 집에 있을 것이다.'

동사의 어간이 **-ई**, **-ऊ**로 끝나는 경우 미래시제접사와 결합시 단음화된다.

हम पिएँगे । '우리가 마실 것이다.'
वह छुएगा । '그가 건들 것이다.'

일부 동사들은 불규칙 변화를 한다.

인칭	होना '이다/있다'		देना '주다'		लेना '갖다'	
	남성	여성	남성	여성	남성	여성
मैं	होऊँगा	होऊँगी	दूँगा	दूँगी	लूँगा	लूँगी
तू, वह	होगा	होगी	देगा	देगी	लेगा	लेगी
हम, आप, वे	होंगे	होंगी	देंगे	देंगी	लेंगे	लेंगी
तुम	होगे	होगी	दोगे	दोगी	लोगे	लोगी

2. 불확정미래 [-ए]

인칭	남성/여성
मैं	चलूँ
तू	चले
वह	चले
हम	चलें
तुम	चलो
वे	चलें

불확정미래시제는 동사의 어간에 접사 **–ए**를 붙여 표현한다. 접사 **–ए**는 주어의 인칭과 수에 일치한다. 확정미래시제와 형태를 비교해 보면 확정미래시제접사 **–एगा**에서 **-गा**를 생략한 형태이다. 따라서 성의 구별이 없게 된다. 동사의 어간이 **-ई**, **-ऊ**로 끝나는 경우 확정미래시제접사와 결합시 단음화된다. 이는 확정미래시제의 경우와 동일하다. 불규칙을 보이는 **होना** '이다/있다', **देना** '주다', **लेना** '갖다'의 변화는 미래시제 형태에서 **-गा**, **-गे**, **-गी**를 생략한 형태와 같다.

불확정미래는 미래의 확정적인 행위보다는 일어날 수 있는 행위에 대한 소망, 청유, 허락, 불확실성 등을 표현하는 데 쓰인다.

तुम्हारे सब दुःख दूर हों । '너의 모든 슬픔들이 사라지길!'
तुम ख़ुश रहो । '네가 행복하길!'
मैं जाऊँ ? '내가 가도 될까요?'
ठीक है, आप जाएँ । '좋아요, 당신 가도 돼요.'
आप चलें ? '당신 가실래요?'
हम तुम्हें अकेले कैसे छोड़ दें ? '우리가 너를 외따로 어떻게 버려 둘 수 있나?'
वह शायद कल न आए । '그가 아마도 내일 안 올지 몰라.'

연습문제

1. 괄호 안에 주어진 동사를 확정미래 남성 형태로 바꾸시오.

1) **मैं आज बनारस** ______________ **(जाना)**
2) **वे कल दिल्ली** ______________ **(पहुँचना)**
3) **हम आज दिल्ली** ______________ **(चलना)**
4) **तुम कल जल्दी** ______________ **(उठना)**
5) **वह आज मुंबई** ______________ **(आना)**
6) **आप कल जल्दी** ______________ **(सोना)**

2. 괄호 안에 주어진 동사를 확정미래 여성 형태로 바꾸시오.

1) **मैं आज किताब** ______________ **(देना)**
2) **वे बाज़ार से फल** ______________ **(लेना)**
3) **हम आज काम** ______________ **(करना)**
4) **तुम सवेरे दूध** ______________ **(पीना)**
5) **वह आज हिन्दी** ______________ **(पढ़ना)**
6) **आप यहाँ मिठाई** ______________ **(खाना)**

3. 괄호 안에 주어진 동사를 불확정미래 형태로 바꾸시오.

1) **क्या मैं अंदर** ______________ **(आना)**
2) **क्या हम बाहर** ______________ **(चलना)**
3) **कृपया आप दिल्ली** ______________ **(जाना)**
4) **कृपया तुम यहाँ** ______________ **(बैठना)**
5) **भगवान करे, वे ख़ुश** ______________ **(रहना)**
6) **भगवान करे, वह पास** ______________ **(हो जाना)**
7) **शायद मैं सवेरे जल्दी न** ______________ **(उठना)**

8) **शायद वह मुझे फूल** ____________ **(दे देना)**

4. 보기를 참고하여 질문에 답하시오.

보기

☞ क्या तुम रोज़ स्कूल जाते हो ? हाँ, मैं आज भी स्कूल जाऊँगा ।

1) **क्या तुम रोज़ अख़बार पढ़ती हो ?**

____

2) **क्या आप लोग रोज़ बाज़ार से फल लेते हैं ?**

____

3) **क्या दीपक रोज़ मिठाई खाता है ?**

____

4) **क्या सीता रोज़ दूध पीती है ?**

____

5) **क्या बच्चे रोज़ यहाँ खेलते हैं ?**

____

6) **क्या माताजी रोज़ पौधों में पानी देती हैं ?**

____

5. 보기를 참고하여 질문에 답하시오.

보기

☞ क्या वह यहाँ आएगा ? मैं चाहता हूँ कि वह यहाँ आए ।

1) **क्या वे दिल्ली जाएँगे ?**

मैं चाहता हूँ कि ______________________________

2) **क्या वे यहाँ आएँगी ?**

मैं चाहता हूँ कि ______________________________

3) **क्या हम वहाँ हिन्दी पढ़ेंगे ?**

मैं चाहता हूँ कि ______________________________

4) **क्या वह ठीक हो जाएगा ?**

मैं चाहता हूँ कि ______________________________

5) **क्या मेरे सारे दुःख दूर हो जाएँगे ?**

मैं चाहता हूँ कि ______________________________

6) **क्या बच्चे ख़ुश रहेंगे ?**

मैं चाहता हूँ कि ______________________________

6. 괄호 안에 주어진 어휘를 활용하여 힌디어로 작문하시오.

1) 당신은 델리에서 무엇을 볼 것입니까?

(**आप**(남), **दिल्ली**, **क्या**, **देखना**)

____

2) 그는 뭄바이에서 어디에서 지낼 것입니까? (**मुम्बई**, **कहाँ**, **रहना**)

____

3) 당신의 여행이 순탄하기를! (**यात्रा**, **शुभ होना**)

____

어 휘

अंदर (부) 안에

कि (접) 종속절을 이끄는 접속사

कैसे (의) 어떻게

चाहना (타동) 원하다

दुःख (남) 슬픔

न (부) 아니, 안

पास (형) 통과된

बाहर (부) 밖에

यात्रा (여) 여행

रहना (자동) 살다, 머무르다

शुभ (형) 상서로운, 행운의

अकेले (부) 외따로, 홀로

कृपया (부) 부디, 제발

ख़ुश (형) 기쁜

छोड़ना (타동) 버리다

दूर (형) 먼

पड़ोसी (남) 이웃

पौधा (남) 어린 나무, 묘목

भगवान (남) 신

  भगवान करे 신이 해주시길

शायद (부) 아마도

सिनेमा (남) 영화

연습문제 해답

1 1) जाऊँगा 2) पहुँचेंगे 3) चलेंगे
4) उठोगे 5) आएगा 6) सोएँगे

2 1) दूँगी 2) लेंगी 3) करेंगी
4) पिओगी 5) पढ़ेगी 6) खाएँगी

3 1) आऊँ 2) चलें 3) जाएँ
4) बैठो 5) रहें 6) हो जाए
7) उठूँ 8) दे दे

4 1) हाँ, मैं आज भी अख़बार पढ़ूँगी ।
2) हाँ, हम आज भी बाज़ार से फल लेंगे ।
3) हाँ, वह आज भी मिठाई खाएगा ।
4) हाँ, वह आज भी दूध पिएगी ।
5) हाँ, वे आज भी यहाँ खेलेंगे ।
6) हाँ, वे आज भी पौधों में पानी देंगी ।

5 1) वे दिल्ली जाएँ ।
2) वे यहाँ आएँ ।
3) हम वहाँ हिन्दी पढ़ें ।
4) वह ठीक हो जाए ।
5) तुम्हारे सारे दुःख दूर हो जाएँ ।
6) वे ख़ुश रहें ।

6 1) आप दिल्ली में क्या देखेंगे ?
2) वह मुम्बई में कहाँ रहेगा ?
3) आपकी यात्रा शुभ हो !

제7장

명령법

명령법은 우선 대화상대에 따라 세 가지 다른 형식이 쓰인다. 이에 추가하여 차후에 할 일에 대한 지시나 요청을 위해 두 가지 형식이 사용된다.

대화상대가 **आप** '당신'인 경우

동사의 어간에 접사 **-इए**를 붙인다. **आप**은 상대를 높여 부르는 대명사로서 명령법은 정중한 청유의 의미를 갖는다. 부정어로는 일반적으로 **न**가 쓰인다.

आइए । '오세요.'
और खाइए । '더 드세요.'
इधर बैठिए । '이리로 앉으세요.'
उसे न छुइए । '그것을 건들지 마세요.'
आराम कीजिए । '편히 쉬세요.'

불규칙 동사

करना '하다' — कीजिए '하세요'
लेना '갖다' — लीजिए '가지세요'
देना '주다' — दीजिए '주세요'

पीना '마시다'　　　　　　　　पीजिए '마시세요'

대화상대가 तुम '너'인 경우

동사의 어간에 접사 -**ओ**를 붙인다. **तुम**은 친구나 동년배, 어린 상대를 부르는 대명사로서 명령법은 지시나 요청 등을 표현한다. 부정어로는 **मत**가 사용되며 동사의 앞이나 뒤에 자유롭게 나타난다. **देना**, **लेना**의 명령법 형태는 각각 **दो**, **लो**이다.

तुम मेरे साथ बाज़ार चलो । '너는 나하고 시장에 가자.'
गाड़ी रोको । '차를 세워라.'
अंदर आओ । '안으로 와라.'
पानी मत पिओ । '물을 마시지 마라.'
पानी पिओ मत । '물을 마시지 마라.'

대화상대가 तू '너'인 경우

동사의 어간 자체가 명령법으로 쓰인다. **तू**는 하인, 신, 아이 등을 대상으로 하며 어른이나 동년배를 대상으로 하지는 않는다. 부정어로는 **मत**가 사용된다.

पानी ला । '물 가져와.'
राम, जल्दी आ । '람아, 빨리 와.'
ईश्वर, दया कर । '신이여, 자비를 베푸소서.'
हे भगवान, मेरी सहायता कर । '오 신이여, 나를 도우소서.'
मत बैठ । '앉지 마.'

차후의 일을 지시하는 경우

당장 처리할 일이라기보다는 향후 처리해야 할 일을 지시하기 위한 명령법 형식으로 -**ना**부정사와 접사 -**इएगा**가 사용된다. -**ना**부정사가 사용된 명령법에서 지시를 받는 대상은 **तुम**에 해당되며 **-इएगा** 접사가 사용된 명령법에서 지시를 받는 대상은 일반적으로 **आप**에 해당되며 공손함을 표현한다. 부정어로는 **न**, **मत** 등이 쓰인다.

अगले हफ़्ते में यह काम करना । '다음 주에 이 일을 해라.'
स्कूल से घर आते समय दूध ख़रीदना । '학교에서 집에 올 때 우유를 사라.'
दिल्ली पहुँचने पर फ़ोन कीजिएगा । '델리에 도착해서 전화를 하세요.'
यह काम कीजिएगा । '이 일을 하십시오.'
आप परसों मत आइएगा । '당신은 모레 오지 마세요.'

연습문제

1. 괄호 안에 주어진 동사를 인칭대명사 **आप**에 적합한 명령법 형태로 바꾸시오.

1) **आप यह** ______________ **(लेना)**

2) **आप वह** ______________ **(देना)**

3) **कृपया मुझे माफ़** ______________ **(करना)**

4) **कृपया खिड़की** ______________ **(खोलना)**

5) **ज़रा जल्दी** ______________ **(बोलना)**

6) **ज़रा एक बार और** ______________ **(कहना)**

2. 괄호 안에 주어진 동사를 인칭대명사 **तुम**에 적합한 명령법 형태로 바꾸시오.

1) **तुम यह भी** ______________ **(ले लेना)**

2) **तुम वह भी** ______________ **(दे देना)**

3) **तुम अपना काम** ______________ **(करना)**

4) **तुम पानी** ______________ **(पीना)**

5) **ज़रा किताब** ______________ **(ख़रीदना)**

6) **ज़रा फल** ______________ **(खाना)**

3. 괄호 안에 주어진 동사를 인칭대명사 **तू**에 적합한 명령법 형태로 바꾸시오.

1) **हे ईश्वर, उसकी रक्षा** ______________ **(करना)**

2) **हे ईश्वर, उसे ख़ुशी** ______________ **(देना)**

3) **ज़रा मेरी बात** ______________ **(सुनना)**

4) **ज़रा जल्दी** ______________ **(चलना)**

5) **कुरसी पर** ______________ **(बैठना)**

6) **यहाँ** ______________ **(देखना)**

4. 보기를 참고하여 문장을 변환하시오.

보기

☞ तुम कल मेरे घर आना । आप कल मेरे घर आइएगा ।

1) तुम कल मुझसे फ़ोन पर बात करना ।

______

2) तुम परसों दीपक से मिलना ।

______

3) तुम आज ध्यान से पढ़ना ।

______

4) तुम समय पर स्टेशन पहुँचना ।

______

5) तुम सवेरे जल्दी उठना ।

______

6) तुम पौधों में पानी देना ।

______

5. 보기를 참고하여 문장을 변환하시오.

보기

☞ बेटी ठंडा पानी पीती है । बेटी, तुम ठंडा पानी मत पिओ ।

1) चाचाजी सिगरेट पीते हैं ।

चाचाजी, आप ______

2) दीपक जल्दी गाड़ी चलाता है ।

दीपक, तुम ______

3) बेटा ज़मीन पर लेटता है ।

बेटे, तू ______

4) **आशा जी मुझे अकेले छोड़ती हैं ।**

आशा जी, आप ____________________

5) **सीता ज़्यादा काम करती है ।**

सीता, तुम ____________________

6) **बेटी फूल छूती है ।**

बेटी, तू ____________________

6. 괄호 안에 주어진 어휘를 활용하여 힌디어로 작문하시오.

1) 항공우편으로 소포를 보내주세요. **(हवाई डाक, पार्सल, भेज देना)**

____

2) 당신의 이름을 이 봉투에 쓰세요. **(नाम, लिफ़ाफ़ा, लिखना)**

____

3) 우회전하세요 그리고 정지신호에 멈추세요.

(दायीं ओर, मुड़ना, लाल बत्ती, रुक जाना)

____

4) 눈을 들어봐 그리고 하늘 좀 봐.

(आँख, उठाना, ज़रा, आसमान, देखना)

____

어 휘

अगला (형) 다음의
आराम (남) 휴식, 편안
ईश्वर (남) 신
ओर (여) 방향, 쪽
ज़रा (부) 좀, 약간
ठंडा (형) 차가운
दायाँ (형) 오른쪽의
ध्यान (남) 주의, 신경
पार्सल (남) 소포
बत्ती (여) 등, 불
भेजना (타동) 보내다
माफ़ (형) 용서하는
रक्षा (여) 보호
रोकना (타동) 세우다
लिफ़ाफ़ा (남) 봉투
सिगरेट (남) 담배
हफ़्ता (남) 일주일
आँख (여) 눈
आसमान (남) 하늘
उठाना (타동) 들어올리다, 일으키다
ख़रीदना (타동) 사다
जल्दी (부) 빨리
दया (여) 자비
देखना (타동) 보다
परसों (부) 모레, 그저께
फ़ोन (남) 전화
बात (여) 말, 일
मत (부) 아니, 안
मुड़ना (자동) 돌다
रुकना (자동) 멈추다
लाल (형) 붉은
साथ (부) 함께
  के साथ ~와 함께
हवाई डाक (남) 항공우편

연습문제 해답

1 1) लीजिए　2) दीजिए　3) कीजिए
4) खोलिए　5) बोलिए　6) कहिए

2 1) ले लो　2) दे दो　3) करो
4) पिओ　5) ख़रीदो　6) खाओ

3 1) कर　2) दे　3) सुन
4) चल　5) बैठ　6) देख

4 1) आप कल मुझसे फ़ोन पर बात कीजिएगा ।
2) आप परसों दीपक से मिलिएगा ।
3) आप आज ध्यान से पढ़िएगा ।
4) आप समय पर स्टेशन पर पहुँचिएगा ।
5) आप सवेरे जल्दी उठिएगा ।
6) आप पौधों में पानी दीजिएगा ।

5 1) सिगरेट न पीजिए ।
2) गाड़ी जल्दी मत चलाओ ।
3) ज़मीन पर मत लेट ।
4) मुझे अकेले न छोड़िए ।
5) ज़्यादा काम मत करो ।
6) फूल मत छू ।

6 1) हवाई डाक से पार्सल भेज दीजिए ।
2) आपका नाम इस लिफ़ाफ़े पर लिखिए ।
3) दायीं ओर मुड़िए और लाल बत्ती पर रुक जाइए ।
4) आँखें उठाओ और ज़रा आसमान देखो ।

제8장

추정법과 가능법

힌디어에서 가상법은 여러 형식을 포함한다. 이에는 불확정미래, 추정법, 가능법, 그리고 비사실법이 해당된다. 추정법과 가능법은 행위나 사건의 발생 가능성에 대한 화자의 생각을 각기 다른 차원에서 접근하는 두 형식이다. 추정법은 어떤 행위의 발생 가능성에 대하여 확신이나 근거를 바탕으로 진술하는 형식인 반면 가능법은 행위가 발생할 수 있는 개연성에 관심을 보인다. 따라서 후자는 전자에 비하여 발생 가능성에 대한 확신이나 근거가 약하다. 추정법은 **होना**동사의 확정미래 형태로, 가능법은 불확정미래 형태로 표현된다. 추정법과 가능법은 각각 미완료, 완료 그리고 진행의 기본 상을 취하며, 시제와 관련하여는 과거와 현재 그리고 미래 모두를 표현대상으로 한다.

1. 추정법 미완료 [–ता + होगा]

인칭	남성	여성
मैं	चलता होऊँगा	चलती होऊँगी
तू	चलता होगा	चलती होगी
वह	चलता होगा	चलती होगी
हम	चलते होंगे	चलती होंगी
तुम	चलते होगे	चलती होगी
वे	चलते होंगे	चलती होंगी

접사 –**ता**는 미완료를 조동사 **होगा**는 추정법을 나타낸다. **चलना** '가다'의 어간 **चल**-에 미완료접사 –**ता**가 붙어 미완료분사 **चलता**의 형태가 만들어지며 **चलता**는 -**आ**로 끝나는 형용사처럼 변화한다. 1인칭 단수의 추정법표지로 **होऊँगा**, **होऊँगी** 대신에 **हूँगा**, **हूँगी**가 쓰이기도 한다.

지속되고 있거나 진행 중인 행위, 또는 일상적이거나 습관적인 행위에 대하여 상당한 근거나 확신을 갖고 추측할 때 쓰인다.

वे लोग अभी आते होंगे । '그들이 지금 오고 있을 것이다.'
वह अब तक काम करता होगा । '그가 아직까지 일하고 있을 것이다.'
उस समय मैं सोती हूँगी । '그때 내가 잠자고 있을 것이다.'
शाम को इधर अच्छी हवा आती होगी । '저녁에 이리로 상쾌한 바람이 불 것이다.'
आप उर्दू समझते होंगे ? '당신이 우르두어를 이해하고 있겠지요?'

진행 중인 행위만을 특별히 부각하고자 할 때는 추정법 진행이 사용된다. 추정법 진행에서는 미완료접사 대신 조동사 **रहा**가 쓰인다.

वे लोग अभी आ रहे होंगे । '그들이 지금 오고 있을 것이다.'
उस समय मैं काम कर रही हूँगी । '그때 내가 일하고 있을/있었을 것이다.
अगले हफ़्ते किताब निकल रही होगी । '다음 주에 책이 출간될 것이다.'

2. 추정법 완료 [–आ + होगा]

인칭	남성	여성
मैं	चला होऊँगा	चली होऊँगी
तू	चला होगा	चली होगी
वह	चला होगा	चली होगी
हम	चले होंगे	चली होंगी
तुम	चले होगे	चली होगी
वे	चले होंगे	चली होंगी

접사 **–आ**는 완료를 조동사 **होगा**는 추정법을 나타낸다. **चलना** '가다' 의 어간 **चल**-에 완료접사 **–आ**가 붙어 완료분사 **चला**의 형태가 만들어지며 **चला**는 **-आ**로 끝나는 형용사처럼 변화한다. 1인칭 단수의 추정법표지로 **होऊँगा**, **होऊँगी** 대신에 **हूँगा**, **हूँगी**가 쓰이기도 한다.

완료된 일이나 먼저 일어난 일의 결과가 지속됨을 상당한 근거나 확신을 갖고 추측할 때 쓰인다.

वे लोग अभी सोए होंगे । '그들이 지금 잠들어 있을 것이다.'
राम ने तब तक काम किया होगा । '람이 그때까지 일했을 것이다.'
दस छात्र क्लास में बैठे होंगे । '학생 열 명이 교실에 앉아 있을 것이다.'
कल रात को बारिश हुई होगी । '어젯밤에 비가 왔을 것이다.'
गोविंद ने चिट्ठी नहीं पढ़ी होगी । '고빈드가 편지를 읽지 않았을 것이다.'

3. 가능법 미완료 [-ता + हो]

인칭	남성	여성
मैं	चलता होऊँ	चलती होऊँ
तू	चलता हो	चलती हो
वह	चलता हो	चलती हो
हम	चलते हों	चलती हों
तुम	चलते हो	चलती हो
वे	चलते हों	चलती हों

접사 **-ता**는 미완료를 조동사 **हो**는 가능법을 나타낸다. 가능법을 나타내는 조동사 **हो**는 추정법을 나타내는 조동사 **होगा**와 비교해 볼 때 후자의 마지막 음절이 생략된 형태로서 결과적으로 현재시제의 경우처럼 남성과 여성의 형태가 동일하다.

지속되고 있거나 진행 중인 행위, 또는 일상적이거나 반복적인 일의 개연성을 표현한다.

वे लोग अभी आते हों । '그들이 지금 오고 있을 것 같다.'
वह अब तक काम करता हो । '그가 아직까지 일하고 있을 것 같다.'
उस समय वह सोती हो । '그때 그녀가 잠자고 있을 것 같다.'
शाम को अच्छी हवा आती हो । '저녁에 상쾌한 바람이 불 것 같다.'
आप उसकी बात समझते हों । '당신이 그의 말을 이해하고 있을 것 같다.'

진행 중인 행위를 부각하고자 할 때는 미완료분사 대신에 조동사 **रहा**가 사용된다.

वे लोग अभी आ रहे हों । '그들이 지금 오고 있을 것 같다.'
वह काम कर रहा हो । '그가 일하고 있을 것 같다.'

4. 가능법 완료 [-आ + हो]

인칭	남성	여성
मैं	चला होऊँ	चली होऊँ
तू	चला हो	चली हो
वह	चला हो	चली हो
हम	चले हों	चली हों
तुम	चले हो	चली हो
वे	चले हों	चली हों

접사 -**आ**는 완료를 조동사 **हो**는 가능법을 나타낸다.
완료된 행위나 사건의 개연성 또는 먼저 일어난 일의 결과가 지속될 개연성을 표현한다.

वे लोग अभी सोए हों । '그들이 지금 잠들어 있을 것 같다.'
राम ने तब तक काम किया हो । '람이 그때까지 일했을 것 같다.'
दस छात्र क्लास में बैठे हों । '학생 열 명이 교실에 앉아 있을 것 같다.'
मुमकिन है कि पिताजी ने राम को बुलाया हो । '아버지가 람을 불렀을 것 같다.'
शायद वह गोविंद के साथ गया हो । '아마도 그가 고빈드와 함께 갔을 것 같다.'

가능법은 그 특성상 조건절이나 양보절에서도 자주 쓰인다.

अगर मेरी मदद से काम बनता हो, तो मैं मन से मदद कर दूँगा ।
'만약 나의 도움으로 일이 될 것 같으면, 기꺼이 도와주겠다.'
तुम नदी का पानी पीते हो, तो छानकर पिओ ।
'강물을 마시게 되면, 걸러서 마셔라.'
चाहे वह अपने को सुंदर समझती हो, लेकिन दुनिया तो ऐसा नहीं समझती ।
'그녀가 자신을 이쁘다고 생각하겠지만, 세상이 그렇게 생각하지 않는다.'

연습문제

1. 보기를 참고하여 추정법 형태로 바꾸시오.

보기

☞ वह देर से कंपनी जाता है । वह देर से कंपनी जाता होगा ।

1) वह मसूरी में काम करती है ।

2) वे खाना खाते हैं ।

3) तुम उन दिनों कोलकाता में रहते थे ।

4) वह अभी आ रहा है ।

5) तुम दोपहर को उर्दू पढ़ रही थीं ।

6) हम अगले महीने बनारस जा रहे हैं ।

7) आप आज सात बजे उठीं ।

8) मैं समय पर स्टेशन पर पहुँचा हूँ ।

9) मैं चटाई पर बैठी हूँ ।

10) उसने चिट्ठी लिखी ।

2. 보기를 참고하여 가능법 형태로 바꾸시오.

보기

☞ वह अभी आता है । वह अभी आता हो ।

1) मैं रोज़ बाहर जाता हूँ ।

2) तुम आकाश में चिड़िया देखते हो ।

3) वह रात भर पढ़ता था ।

4) हम हवाई डाक से पार्सल भेज रही हैं ।

5) वह माँ के साथ यात्रा कर रही थी ।

6) वे दायीं ओर मुड़ रहे थे ।

7) आपने डॉक्टर को बुलाया ।

8) उन्होंने लाल क़िला देखा है ।

9) तुमने मार्केट में क़मीज़ें ख़रीदी थीं ।

10) मैं गोविंद से मिली थी ।

3. 보기를 참고하여 주어진 질문에 답하시오.

보기

☞ शायद दीपक अब तक काम करता हो ।
हाँ, वह अब तक काम करता होगा ।

1) शायद कमला पड़ोसी की मदद करती हो ।
हाँ, वह ______________________________

2) शायद चाचीजी नदी से पानी लाती हों ।
नहीं, वे ______________________________

3) शायद पिताजी साइकिल ठीक कर रहे हों ।
हाँ, वे ______________________________

4) शायद तुम और मैं अच्छे काम कर रहे हों ।
हाँ, हम ______________________________

5) शायद मैंने समुद्र देखा हो ।
नहीं, तुमने ______________________________

6) शायद गोविंद परीक्षा में पास हुआ हो ।
हाँ, वह ______________________________

4. 괄호 안에 주어진 어휘를 활용하여 힌디어로 작문하시오.

1) 어머니가 우리를 위해 음식을 만들고 계실 것이다.
(**हमारे लिए**, **खाना**, **बनाना**, 추정법진행)

2) 그가 회사에서 종일 일을 했을 것이다.
(**कंपनी**, **दिन भर**, **काम करना**, 추정법완료)

3) 네가 요즈음 성실히 공부하는 것 같구나.
(**आजकल**, **मेहनत से**, **पढ़ना**, 가능법미완료)

4) 그녀가 아마도 그의 소식을 들은 것 같다.
(**शायद**, **ख़बर**, **सुनना**, 가능법완료)

어 휘

अगर (접) 만약
इधर (부) 이곳, 이쪽으로, 이리로
क़िला (남) 성
  लाल क़िला 붉은 성 (건물이름)
चटाई (여) 매트
चाहे (접) 비록, ~이든
ठीक (형) 좋은
डाक (여) 우편
  हवाई डाक 항공우편
दुनिया (여) 세상
निकलना (자동) 나오다
परीक्षा (여) 시험
पास (형) 통과된
बुलाना (타동) 부르다, 호출하다
मदद (여) 도움
मुड़ना (자동) 돌다, 감기다
मेहनत (여) 열심, 노력
लाल (형) 붉은
समझना (자동/타동) 이해하다
साइकिल (여) 자전거
हवा (여) 바람
आकाश (남) 하늘
उर्दू (여) 우르두어
ख़बर (여) 소식
गोविंद (남) 고빈드 (남자이름)
चाची (여) 숙모
छानना (타동) 걸러내다
ठीक करना 고치다, 수선하다
तो (접) 그렇다면, 그러면 (불변) ~야말로
दायाँ (형) 오른편의
नदी (여) 강
पड़ोसी (남) 이웃사람
पार्सल (남) 소포
बारिश (여) 비
भेजना (타동) 보내다
मार्केट (남) 시장
मुमकिन (형) 가능한
यात्रा (여) 여행
शायद (부) 아마도
समुद्र (남) 바다
स्टेशन (남) 역
हवाई (형) 항공의

연습문제 해답

1 1) वह मसूरी में काम करती होगी ।
2) वे खाना खाते होंगे ।
3) तुम उन दिनों कोलकाता में रहते होगे ।
4) वह अभी आ रहा होगा ।
5) तुम दोपहर को उर्दू पढ़ रही होगी ।
6) हम अगले महीने बनारस जा रहे होंगे ।
7) आप आज सात बजे उठी होंगी ।
8) मैं समय पर स्टेशन पर पहुँचा होऊँगा / हूँगा ।
9) मैं चटाई पर बैठी होऊँगी / हूँगी ।
10) उसने चिट्ठी लिखी होगी ।

2 1) मैं रोज़ बाहर जाता होऊँ ।
2) तुम आकाश में चिड़िया देखते हो ।
3) वह रात भर पढ़ता हो ।
4) हम हवाई डाक से पार्सल भेज रही हों ।
5) वह माँ के साथ यात्रा कर रही हो ।
6) वे दायीं ओर मुड़ रहे हों ।
7) आपने डॉक्टर को बुलाया हो ।
8) उन्होंने लाल क़िला देखा हो ।
9) तुमने मार्केट में क़मीज़ें ख़रीदी हों ।
10) मैं गोविंद से मिली होऊँ ।

3 1) पड़ोसी की मदद करती होगी ।
2) नदी से पानी नहीं लाती होंगी ।
3) साइकिल ठीक कर रहे होंगे ।
4) अच्छे काम कर रहे होंगे ।
5) समुद्र नहीं देखा होगा ।
6) परीक्षा में पास हुआ होगा ।

4 1) माताजी हमारे लिए खाना बना रही होंगी ।
2) उसने कंपनी में दिन भर काम किया होगा ।
3) तुम आजकल मेहनत से पढ़ते हो ।
4) शायद उसने उसकी ख़बर सुनी हो ।

제9장

여격주어구문

'여격주어구문'은 의미상주어가 여격후치사 **को**와 함께 나타나기 때문에 붙여진 이름이다. 우리말의 '나한테 산이 보인다'와 같은 구문에서도 의미상주어가 조사 '한테'와 함께 나타나는 형식을 볼 수 있다. 이와 같은 구문에서 의미상주어들은 능동성이 결여되어 있다는 특성을 갖는다. 힌디어에서 이들 구문이 표현하는 내용을 보면, 필요, 예정, 필연, 지각, 인지, 신체 상태, 획득 등 그 범위가 다양하다. 힌디어의 여격주어구문은 우리말보다 더 다양한 표현 대상을 가지며 사용빈도도 높다.

1. चाहिए '필요하다'

चाहिए가 쓰이는 문장에서 대상은 문법상주어로 나타나며, 대상을 필요로 하는 주체는 여격후치사와 함께 나타난다. **चाहिए**는 불변화동사로서 형태변화가 없다. 현재시제는 별도의 시제표지 없이 표현되며, 과거와 미래시제는 각각 과거시제표지(**था**, **थे**, **थी**, **थीं**)와 미래시제표지(**होऊँगा**, **होगा**, **होगे**, **होंगे**, **होऊँगी**, **होगी**, **होंगी**)로 표현된다.

राम को किताब चाहिए । '람에게 책이 필요하다.'
राम को किताबें चाहिए । '람에게 책들이 필요하다.'

राम को किताब चाहिए थी । '람에게 책이 필요했다.'
राम को किताब चाहिए होगी । '람에게 책이 필요할 것이다.'
मुझे किताब नहीं चाहिए । '나한테는 책이 필요 없다.'

2. 명사/형용사 + होना

신체 상태(**बुख़ार** '열', **ज़ुकाम** '감기', **सिरदर्द** '두통', **पेटदर्द** '복통', **पेट में दर्द** '복통', **बीमारी** '병', **नींद** '졸음'), 지각과 인지(**दुःख** '슬픔', **ख़ुशी** '기쁨', **सुख** '행복', **ग़ुस्सा** '분노', **हैरानी** '놀람', **डर** '두려움', **भय** '무서움', **अफ़सोस** '유감', **मज़ा** '재미', **गर्मी** '더움', **सर्दी** '추움', **तकलीफ़** '어려움', **दिक़्क़त** '어려움', **कठिनाई** '어려움', **चिंता** '걱정', **शक** '의심', **संदेह** '의심', **विश्वास** '믿음', **उम्मीद** '희망', **परेशानी** '근심', **पता** '앎', **याद** '기억', **ध्यान** '집중'), 그리고 일(**काम**)이나 시간(**समय** '시간', **वक़्त** '시간', **देर** '늦음'), 손익(**फ़ायदा** '이익', **लाभ** '이익', **नुक़सान** '손해') 등을 나타내는 명사들이 **होना** 동사와 함께 여격주어구문을 이룬다.

पिताजी को दुःख है । '아버지에게 슬픔이 있다.'
माताजी को सिरदर्द था । '어머니에게 두통이 있었다.'
राम को इस बात का पता है । '람은 이 일을 안다.'
मालिक को आज समय नहीं है । '주인은 오늘 시간이 없다.'
रमेश को अभी बहुत काम हैं । '라메시는 지금 일이 많다.'

여격주어구문을 이루는 형용사로는 **मालूम** '아는', **पसंद** '좋아하는', **मंज़ूर** '인정된' 등이 있다.

राम को यह बात मालूम थी । '람은 이 일을 알고 있었다.'
☞ राम ने यह बात मालूम की । '람은 이 일을 알아냈다.'
मुझे यह मकान पसंद है । '나는 이 집이 맘에 든다.'
☞ मैं यह मकान पसंद करता हूँ । '나는 이 집을 좋아한다.'

होना 동사의 완료형태인 **हुआ**, **हुए**, **हुई**, **हुईं** 등이 쓰여 상태변화를 표현한다.

मुझे बड़ी ख़ुशी हुई । '나한테 큰 기쁨이 생겼다.'
सुशीला को ज़ुकाम हुआ । '수실라가 감기 걸렸다.'
दुकानदार को दो लाख रुपये का फ़ायदा हुआ ।
'가게 주인에게 이십만 루피의 이익이 생겼다.'

3. -ना 부정사 + चाहिए / होना / पड़ना

부정사와 함께 쓰여 일의 필요성, 예정, 필연성 등을 나타내며 부정사가 타동사인 경우 목적어에 일치한다.

-ना चाहिए 필요의 표현

राम को घर वापस जाना चाहिए । '람은 집으로 돌아가야 한다.'
राम को किताब ख़रीदनी चाहिए थी । '람은 책을 사야 했다.'
मोहन को गाड़ी चलानी चाहिए होगी । '모한은 차를 운전해야 할 것이다.'

-ना होना 의무나 예정의 표현

सीता को आज दिल्ली जाना है । '씨따는 오늘 델리에 갈 일이 있다.'
सुरेश को रोटी जल्दी खानी थी । '수레시는 빵을 빨리 먹어야 했다.'
सुशीला को कल परीक्षा देनी होगी ।
'수실라는 내일 시험을 보아야 할 것이다.'

-ना पड़ना 필연성의 표현

राम को घर वापस जाना पड़ता है । '람은 집으로 돌아가야만 한다.'
राम को किताब ख़रीदनी पड़ी । '람은 책을 사야만 했다.'

मोहन को गाड़ी चलानी पड़ेगी । '모한은 차를 운전해야만 할 것이다.'

4. मिलना '만나다', '받다', '얻다'

संतोष को रास्ते पर मित्र मिला । '산또시는 길에서 친구를 만났다.'
क्या आपको चिट्ठी मिली ? '당신은 편지를 받았나요?'
कल मुझे यह पुस्तक मिली । '어제 나는 이 책을 구했다.'
आपको मिठाई इस दुकान पर मिलेगी । '당신은 당과를 이 가게에서 구할 수 있다.'

5. लगना '느끼다'

मुझे यह अच्छा लगता है । '나는 이것이 좋다고 느낀다.'
राम को प्यास लगी है । '람은 갈증이 났다.'
मुझे भूख लगी है । '나는 허기가 졌다.'
बेटी को गर्मी लगी । '딸이 더위를 느꼈다.'
मुझे ऐसा लगता है कि तुम बीमार हो । '내가 보기에 네가 아프다.'
मुझे तुम बीमार लगते हो । '나한테 네가 아파 보인다.'

6. आना '오다', '나다', '들다', '알다'

मोहन को अपनी बेटी पर गुस्सा आया । '모한은 자기 딸에게 화가 났다.'
मुझे नींद आती है । '나는 졸음이 온다.'
क्या आपको मज़ा आता है ? '당신 재미나지요?'
मुझे बनारसी साड़ी बहुत पसंद आई । '나는 바나라스 사리가 매우 마음에 들었다.'
उसे हिंदी आती है । '그는 힌디어를 안다.'
राम को गाड़ी चलानी आती है । '람은 운전할 줄 안다.'

7. दिखना, दिखाई देना '보이다', सुनाई देना '들리다'

क्या तुम्हें पीला मकान दिखता है ? '너한테 노란 집이 보이니?'

मुझे तुम बीमार दिखते हो । '나한테 네가 아파 보인다.'

मुझे ऐसा दिखता है कि तुम बीमार हो । '내가 보기에 네가 아프다.'

क्या तुम्हें मेरी आवाज़ सुनाई देती है ? '너는 내 목소리가 들리는가?'

연습문제

1. 보기를 참고하여 아래 주어진 문장을 **चाहिए** 구문으로 변환하시오.

보기

☞ मैं नयी साइकिल चाहता हूँ । मुझे नयी साइकिल चाहिए ।

1) **हम अच्छा रेडियो चाहते हैं ।**

______

2) **तुम सुंदर फूल चाहती हो ।**

______

3) **मैं अच्छी ख़बरें चाहता था ।**

______

4) **वह नया कुरता चाहती थी ।**

______

5) **आप नये कपड़े चाहेंगे ।**

______

6) **वे ठंडा पानी चाहेंगी ।**

______

2. 괄호 안에 주어진 단어를 **चाहिए** 필요구문에 적합한 형태로 바꾸시오.

보기

☞ आपको मेरे घर आना चाहिए । (आना)

1) **मुझे आज दफ़्तर जल्दी ______ चाहिए । (जाना)**

2) **मुझे डॉक्टर को ______ चाहिए । (बुलाना)**

3) हमें माताजी की मदद __________ चाहिए थी । (करना)

4) आपको दो किताबें __________ चाहिए थीं । (पढ़ना)

5) उसे पानी __________ चाहिए था । (पीना)

6) उसे दो पत्र __________ चाहिए थे । (लिखना)

7) तुम्हें रेडियो पर समाचार __________ चाहिए होगा । (सुनना)

8) उसे नयी क़मीज़ __________ चाहिए होगी । (ख़रीदना)

9) उन्हें अगले साल दो मकान __________ चाहिए होंगे । (लेना)

10) मुझे रमेश को दो किताबें __________ चाहिए होंगी । (देना)

3. 보기를 참고하여 **होना**와 **पड़ना**의 예정이나 의무, 필연 구문으로 바꾸시오.

보기

क ☞ मैं आज दिल्ली जा रहा हूँ । मुझे आज दिल्ली जाना है ।

1) वह शाम को फ़िल्म देखने जा रहा है ।

____

2) आप कहाँ जाते हैं ?

____

3) वे पिछले महीने सउल में काम करते थे ।

____

4) मैं पिछले साल हिन्दी पढ़ता था ।

____

5) हम अगले साल उर्दू पढ़ेंगी ।

____

6) तुम आज एक पत्र लिखोगे ।

____

보기

ख ☞ राम घर वापस जाता है । राम को घर वापस जाना पड़ता है ।

1) वह आजकल मेहनत से पढ़ता है ।

2) मैं गरम दूध पीता हूँ ।

3) वह समय पर स्टेशन पर पहुँची ।

4) वह सवेरे जल्दी उठा ।

5) वे लोग कल तक यहाँ आएँगे ।

6) हम पैदल दफ़्तर जाएँगी ।

4. 괄호 안의 단어를 활용하여 여격주어구문으로 바꾸시오.

보기

☞ मैं बीमार हूँ । (बीमारी, होना) मुझे बीमारी है ।
☞ मैं हिन्दी जानता हूँ । (आना) मुझे हिन्दी आती है ।

1) मेरा पेट दर्द करता है । (पेटदर्द, होना)

2) उसका सिर दर्द करता है । (सिरदर्द, होना)

3) आप दुःखी हैं । (दुःख, होना)

4) तुम ख़ुश हो । (ख़ुशी, होना)

5) वह सिनेमा पसंद करता है । (पसंद, होना)

6) वे बहुत काम करते हैं । (होना)

7) हम स्कूल में राम से मिला । (मिलना)

8) मैं दुकान से फल लेता हूँ । (मिलना)

9) हम हिन्दी जानते हैं। (आना)

10) वे साइकिल चलाना जानते हैं । (आना)

11) मैं भूखा हूँ । (भूख, लगना)

12) वह प्यासा है । (प्यास, लगना)

13) मैं महसूस करता हूँ कि फूल सुंदर होता है। (लगना)

14) वह चिड़ियाँ देखता है। (दिखाई देना)

어 휘

उर्दू (여) 우르두어
कुरता (남) 칼라와 소매가 없는 셔츠
ख़ुश (형) 기쁜
गुस्सा (남) 화, 분노
दफ़्तर (남) 사무실
दिखना (자동) 보이다
दिखाई (여) 봄, 보기
  दिखाई देना 보이다
नींद (여) 졸음
प्यास (여) 갈증, 목마름
बीमार (형) 아픈, 병든 (남) 환자
पेट (남) 배, 복부
फ़ायदा (남) 이득, 이익
भूखा (형) 배고픈
महसूस (형) 느끼는
  महसूस करना 느끼다
मित्र (남) 남자친구
रमेश (남) 라메시 (남자이름)
रुपया (남) 루피
लगना (자동) 느끼다, 여겨지다
वापस (부) 돌아오는, 돌아가는
समाचार (남) 뉴스
सिरदर्द (남) 두통
सुशीला (여) 수실라 (여자이름)
क़मीज़ (여) 셔츠
ख़बर (여) 소식
गर्मी (여) 더위
ज़ुकाम (남) 감기
दर्द (남) 통증
  दर्द करना 아파하다
दुकानदार (남) 가게 주인
दुःखी (형) 슬픈
पसंद (형) 좋아하는 (여) 좋아함
प्यासा (형) 목마른
बीमारी (여) 병
पैदल (부) 걸어서
भूख (여) 허기, 배고픔
मदद (여) 도움
  की मदद करना ~를 도와주다
मालूम (형) 아는
मेहनत (여) 노력, 근면
रास्ता (남) 길
रेडियो (남) 라디오
लाख (형) 십만의 (남)십만
समय (남) 시간
सिनेमा (남) 영화
सुरेश (남) 수레시 (남자이름)
संतोष (남) 산또시 (남자이름)

연습문제 해답

1 1) हमें अच्छा रेडियो चाहिए ।

2) तुम्हें सुंदर फूल चाहिए ।

3) मुझे अच्छी ख़बरें चाहिए थीं ।

4) उसे नया कुरता चाहिए था ।

5) आपको नये कपड़े चाहिए होंगे ।

6) उन्हें ठंडा पानी चाहिए होगा ।

2 1) जाना　2) बुलाना　3) करनी　4) पढ़नी　5) पीना

6) लिखने　7) सुनना　8) ख़रीदनी　9) लेने　10) देनी

3 क

1) उसे शाम को फ़िल्म देखने जाना है ।

2) आप को कहाँ जाना है?

3) उन्हें पिछले महीने सउल में काम करना था ।

4) मुझे पिछले साल हिन्दी पढ़नी थी ।

5) हमें अगले साल उर्दू पढ़नी होगी ।

6) तुम्हें आज एक पत्र लिखना होगा ।

ख

1) उसे आजकल मेहनत से पढ़ना पड़ता है ।

2) मुझे गरम दूध पीना पड़ता है ।

3) उसे समय पर स्टेशन पर पहुँचना पड़ा ।

4) उसे सवेरे जल्दी उठना पड़ा ।

5) उन लोगों को कल तक यहाँ आना पड़ेगा ।

6) हमें पैदल दफ़्तर जाना पड़ेगा ।

연습문제 해답

4 1) मुझे पेटदर्द है ।

2) उसे सिरदर्द है ।

3) आपको दुःख है ।

4) तुम्हें ख़ुशी है ।

5) उसे सिनेमा पसंद है ।

6) उन्हें बहुत काम हैं ।

7) हमें स्कूल में राम मिला ।

8) मुझे दुकान से फल मिलता है ।

9) हमें हिन्दी आती है ।

10) उन्हें साइकिल चलाना आता है / उन्हें साइकिल चलानी आती है ।

11) मुझे भूख लगती है ।

12) उसे प्यास लगती है ।

13) मुझे फूल सुंदर लगता है ।

14) उसे चिड़ियाँ दिखाई देती हैं ।

제10장

-ना 부정사

-ना 부정사는 동사의 어간과 **-ना**가 결합된 형태이다.

करना '하기' = कर '하다' + -ना

-ना 부정사는 우선 명사로 기능하며 명사구나 명사절을 이루기도 하고 후치사 등과 함께 쓰여 특수용법을 갖거나 문법조동사와 함께 쓰여 서법이나 상을 나타내기도 한다. 이외에 단독으로 명령법으로 쓰이기도 한다(명령법은 제7장 참조).

1. -ना 부정사의 형태변화

-ना 부정사는 성, 수, 격에 따른 형태변화를 한다.
후치사 앞에서 사격을 취한다.

करने को '하는 것을'
करने के लिए '하기 위해'
करने में '하기에'
करने से '함으로써'

여격주어구문에서 부정사가 타동사일 때 부정사의 목적어의 성과 수에 따른 일치 변화를 한다(제9장 참조).

मोहन को हमारी बात सुननी चाहिए । '모한은 우리 이야기를 들을 필요가 있다.'
मोहन को उर्दू भी सीखनी पड़ी । '모한은 우르두어도 배워야만 했다.'
मोहन को एक कथन पढ़ना था । '모한은 이야기 하나를 읽어야 했다.'

문법조동사 **लगना**, **देना** 앞에서 사격을 취한다(**-ने लगना**, **-ने देना**).

2. -ना 부정사의 명사적 용법

पैदल चलना अच्छी कसरत है । '걷기는 좋은 운동이다.'
आज जाना तुम्हारे लिए अच्छा नहीं है । '오늘 가는 것이 너한테는 안 좋다.'
यहाँ आने में चार घंटे लगे हैं । '여기 오는데 네 시간 걸렸다.'

부정사의 주어는 소유격을 취한다.

तुम्हारा उसके घर में ठहरना मुझे नापसंद है । '나는 네가 그의 집에 머무르는 것이 싫다.'
राम का समय पर आना ज़रूरी है । '람이 제시간에 오는 것이 필요하다.'

부정사의 주어가 사물이거나 의지가 없는 행위자인 경우에는 소유격 후치사가 붙지 않는다.

काम ख़तम होने पर पिताजी खाना खाने लगे ।
'일이 끝나자 아버지는 식사를 하기 시작했다.'
बारिश होने पर लोग दौड़ने लगे । '비가 오자 사람들이 달리기 시작했다.'

부정사가 사격인 경우 부정사의 주어에 붙는 소유격 후치사도 사격을 취한다.

तुम्हारे उसके घर में ठहरने में कोई तकलीफ़ है ?
'네가 그의 집에 머무르는데 어떤 불편이 있는가?'
राम के समय पर आने से काम हो गया । '람이 제시간에 옴으로써 일이 이루어졌다.'

3. -ना 부정사의 관용적 표현

⊕ **-ने का** '~하는', 형용사처럼 쓰여 관형적, 서술적 용법을 갖는다.

यह पीने का पानी है । '이것은 마시는 물이다.'
सोने का कमरा एक और है । '잠자는 방이 하나 더 있다.'
यह पानी पीने का है । '이 물은 먹는 물이다.'
यह कमरा सोने का है । '이 방은 자는 방이다.'

⊕ **-ने वाला** '~하는', '~하는 자', 형용사처럼 쓰여 관형적, 서술적, 명사적 용법을 갖는다.

वहाँ दौड़ने वाला आदमी कौन है ? '저기 달리는 사람이 누구인가?'(관형적)
हमारी कंपनी में काम करने वाली महिलाएँ बहुत हैं ।
'우리 회사에서 일하는 여성이 많다.'(관형적)
वह आदमी मेहनत से काम करने वाला है ।
'그 사람은 열심히 일하는 사람이다.'(서술적, 명사적)
जल्दी सोने वाला जल्दी उठता है । '일찍 자는 사람이 일찍 일어난다.'(명사적)
वह सब्ज़ी बेचने वाला है । '그는 채소를 파는 자이다.'(서술적, 명사적)

전망을 나타내기도 한다.

हम अभी खाने वाले हैं । '우리는 지금 식사하려고 한다.'(전망)

-ने पर '~했을 때'

मेरे बैठने पर स्टूल टूट गया । '내가 앉았을 때 스툴이 부서져 버렸다.'
राम के पहुँचने पर लोग इकट्ठे हुए । '람이 도착했을 때 사람들이 모여들었다.'

-ने से '~함으로써'

यह गेम खेलने से तुम्हें मज़ा आएगा । '이 게임을 함으로써 재미가 날 것이다.'
शराब पीने से उसका चेहरा लाल हो गया । '술을 마심으로써 그의 얼굴이 발개졌다.'

-ने को, -ने के लिए '~하려고'

यहाँ रहने के लिए मैंने बहुत मेहनत की है । '여기 살기 위해 내가 많은 노력을 했다.'
ये लोग आपसे मिलने के लिए दूर से आए हैं । '이 사람들이 당신을 보려고 멀리서 왔다.'

आना, जाना 등과 같은 이동동사 앞에서는 후치사가 생략되기도 한다.

हम सिनेमा देखने गए थे । '우리가 시네마를 보러 갔었다.'
हम सिनेमा देखने के लिए गए थे । '우리가 시네마를 보러 갔었다.'
हम सिनेमा देखने को गए थे । '우리가 시네마를 보러 갔었다.'

-ने लगना '~하기 시작하다'

सब लोग चलने लगे । '모든 사람이 움직이기 시작했다.'
बच्चे और बच्चियाँ सब कोई रोने लगे । '사내와 여자 애들이 모두 울기 시작했다.'

-ने देना '~하도록 허락하다'

पिताजी ने मुझे खेलने दिया । '아버지는 내가 놀도록 허락했다.'

मैंने उसको शराब पीने दी । '나는 그가 술을 마시도록 허락했다.'

- **-ने लायक़**, **-ने योग्य** '~할 가치가 있는'

यह विषय याद रखने लायक़ है । '이 문제는 기억해 둘 만하다.'
यह नाटक देखने योग्य है । '이 연극은 볼 만하다.'

4. -ना चाहना 구문

-ना 부정사는 **चाहना** 동사와 함께 쓰여 '~하기를 '원하다'의 의미를 표현한다. 이 구문에서 **-ना** 부정사는 형태변화를 하는 경우와 하지 않는 경우로 구분된다.

- **-ना** 부정사가 자동사인 경우는 형태변화하지 않는다.

राम घर जाना चाहता है । '람이 집에 가기를 원한다.'
राम ने घर जाना चाहा । '람이 집에 가기를 원했다.'

- **-ना** 부정사가 타동사인 경우는 **चाहना** 동사가 완료형태를 취하여 목적어와 일치하는 환경에서만 목적어에 일치하는 형태변화를 한다.

मोहन ने रोटी खानी चाही । '모한이 빵을 먹기를 원했다.'
सीता ने चावल खाना चाहा । '씨따가 쌀을 먹기를 원했다.'
मोहन रोटी खाना चाहता है । '모한이 빵을 먹기를 원한다.'
सीता चावल खाना चाहती है । '씨따가 쌀을 먹기를 원한다.'

연습문제

1. 괄호 안에 주어진 부정사의 적합한 형태를 빈칸에 넣으시오.

1) **समय पर खाना ________ अच्छा है । (खाना)**
2) **आपका देर से ________ मुझे अच्छा नहीं लगता है । (आना)**
3) **उनके यहाँ ________ से काम अच्छा हुआ । (आना)**
4) **________ वाला बच्चा कौन है ? (रोना)**
5) **यह कमरा ________ का है । (सोना)**
6) **हिन्दी ________ के लिए वह अधिक परिश्रम करता है । (सीखना)**
7) **मेरे पास गाड़ी न ________ के कारण, मैं पैदल जाता हूँ । (होना)**
8) **उसे दिल्ली में अकेले ________ में कठिनाई होती है । (रहना)**
9) **मुझे यहाँ ________ में देर हो गई । (पहुँचना)**
10) **बेटे के ________ पर माताजी हँसने लगीं । (नाचना)**
11) **हम बाज़ार सब्ज़ी ________ जाते थे । (लेना)**
12) **राम साइकिल ________ लगा । (चलाना)**
13) **माताजी बच्चे को ________ देती हैं । (खेलना)**
14) **मुझे ________ दीजिए । (जाना)**

2. 보기를 참고하여 주어진 문장을 부정사를 동반한 구문으로 바꾸시오.

보기

☞ आपको यहाँ आना चाहिए । आपका यहाँ आना ज़रूरी है ।

1) उसे मसूरी में काम करना चाहिए ।

____

2) तुम्हें कमरा साफ़ करना चाहिए ।

____

3) मुझे ठीक से हिन्दी बोलनी चाहिए ।

____

4) हमें काम पूरा करना चाहिए ।

____

보기

☞ राम गरम पानी पीना चाहता है । राम को पीने के लिए गरम पानी चाहिए ।

5) मैं मिठाई खाना चाहता हूँ ।

____

6) उसने तबला बजाना चाहा ।

____

7) वह गाड़ी से दफ़्तर गया ।

____

8) हम गेंद खेलना चाहेंगे ।

____

보기

☞ वह कठिनाई से गाना सीखता है । उसे गाना सीखने में कठिनाई होती है ।

9) मैं कठिनाई से साइकिल चलाता हूँ ।

____

10) तुम कठिनाई से उर्दू लिखते हो ।

____

11) हम कठिनाई से यहाँ रहते हैं ।

____

12) आप कठिनाई से साड़ी पहनती हैं ।

____

보기

☞ उसे गाड़ी नहीं मिली, इसलिए उसे दुःख है । गाड़ी न मिलने से उसे दुःख है ।

13) उसे चिट्ठी मिली, इसलिए उसे ख़ुशी है ।

____

14) मैं मैदान में दौड़ा, इसलिए मुझे मज़ा आया ।

____

15) वह देर से आई, इसलिए हमें परेशानी है ।

____

16) उसने ज़्यादा खाया, इसलिए उसे पेटदर्द है ।

____

보기

☞ जब बारिश हुई, तब बच्चा दौड़ा । बारिश होने पर बच्चा दौड़ने लगा ।

17) जब घंटी बजी, तब राम ने दरवाज़ा खोला ।

18) जब ठंडी हवा चली, तब सीता ने गरम कपड़े ख़रीदे ।

19) जब काम ख़तम हुआ, तब पिताजी ने खाना खाया ।

20) जब बर्फ़ पड़ी, मैंने रास्ता साफ़ किया ।

3. 보기를 참고하여 질문에 부정사 구문으로 답하시오.

보기

☞ आप फूल क्यों ख़रीदते हैं ? क्योंकि मैं फूल ख़रीदना चाहता हूँ ।

1) आप अकेले क्यों यात्रा करते हैं ?

2) तुम सवेरे जल्दी क्यों उठे ?

3) सुरेश ने मिठाई क्यों खाई ?

4) पिताजी ने पौधे में पानी क्यों दिया ?

5) सुशीला बनारस में क्यों रहेगी ?

6) **बच्चे गेंद क्यों खेलेंगे ?**

어 휘

अधिक (형) 많은
इकट्ठा (형) 모은, 모인
के लिए (후) ~을 위해
खेलना (자동/타동) 놀다, 시합하다
गेम (남) 게임, 경기
घंटी (여) 작은 종, 벨
चेहरा (남) 얼굴
तबला (남) 작은 북
नापसंद (형) 싫은
पर (후) ~위에, ~때
परेशानी (여) 걱정
पेटदर्द (남) 복통
बर्फ़ (여) 눈, 얼음
में (후) ~에
रास्ता (남) 길, 도로
सब्ज़ी (여) 채소
साफ़ (형) 깨끗한
आदमी (남) 사람, 남자
कठिनाई (여) 어려움
ख़तम (남) 끝 (형) 끝난
गेंद (여) 공
घंटा (남) 종
चार (남) 넷, 사 (형) 넷의
ज़रूरी (형) 필요한
दूर (형) 먼 (부) 멀리
पड़ना (자동) 떨어지다, 놓이다
परिश्रम (남) 수고, 노력
पहनना (타동) 입다, 쓰다, 신다
बजाना (타동) (북을) 치다, (종을) 울리다
बारिश (여) 비
यात्रा (여) 여행
लगना (자동) 시작하다
साड़ी (여) 사리 (옷)
से (후) ~부터, ~으로, ~으로써

연습문제 해답

1 1) खाना 2) आना
3) आने 4) रोने
5) सोने 6) सीखने
7) होने 8) रहने
9) पहुँचने 10) नाचने
11) लेने 12) चलाने
13) खेलने 14) जाने

2 1) उसका मसूरी में काम करना ज़रूरी है ।
2) तुम्हारा कमरा साफ़ करना ज़रूरी है ।
3) मेरा ठीक से हिन्दी बोलना ज़रूरी है ।
4) हमारा काम पूरा करना ज़रूरी है ।
5) मुझे खाने के लिए मिठाई चाहिए ।
6) उसे बजाने के लिए तबला चाहिए था ।
7) उसे दफ़्तर जाने के लिए गाड़ी चाहिए थी ।
8) हमें खेलने के लिए गेंद चाहिए होगी ।
9) मुझे साइकिल चलाने में कठिनाई होती है ।
10) तुम्हें उर्दू लिखने में कठिनाई होती है ।
11) हमें यहाँ रहने में कठिनाई होती है ।
12) आपको साड़ी पहनने में कठिनाई होती है ।
13) चिट्ठी मिलने से उसे ख़ुशी है ।
14) मैदान में दौड़ने से मुझे मज़ा आया ।
15) उसके देर से आने से हमें परेशानी है ।
16) ज़्यादा खाने से उसे पेटदर्द है ।
17) घंटी बजने पर राम दरवाज़ा खोलने लगा ।

연습문제 해답

18) ठंडी हवा चलने पर सीता गरम कपड़े ख़रीदने लगी ।

19) काम ख़तम होने पर पिताजी खाना खाने लगे ।

20) बर्फ़ पड़ने पर मैं रास्ता साफ़ करने लगा ।

3 1) क्योंकि मैं अकेले यात्रा करना चाहता हूँ ।

2) क्योंकि मैंने सवेरे जल्दी उठना चाहा ।

3) क्योंकि सुरेश ने मिठाई खानी चाही ।

4) क्योंकि पिताजी ने पौधे में पानी देना चाहा ।

5) क्योंकि सुशीला बनारस में रहना चाहेगी ।

6) क्योंकि बच्चे गेंद खेलना चाहेंगे ।

제11장

문법조동사

문법조동사는 시세, 상, 서법 등을 나타내는 조동사를 의미한다. 힌디어에서 자주 쓰이는 서법조동사와 상조동사들을 추가적으로 정리한다.

1. सकना, पाना

सकना '~할 수 있다'와 **पाना** '겨우 ~할 수 있다'는 본동사의 어간과 함께 쓰여 가능성이나 능력을 표현하는 서법조동사이다. **पाना** 조동사가 부정어와 함께 쓰일 때는 '도저히 ~할 수 없다'의 의미를 갖는다.

हम कल सुबह पाँच बजे तक आ सकते हैं । '우리가 내일 아침 5시까지 올 수 있다.'
तुम उर्दू समझ सकते हो ? । '너는 우르두어를 이해할 수 있지?'
वे लोग मिठाई ख़रीद पाएँगे । '그들이 당과를 살 수는 있을 것이다.'
सुशीला कल समय पर आ नहीं पाई । '수실라는 어제 제시간에 도저히 올 수 없었다.'

पाना 조동사는 사격의 부정사와 함께 나타나기도 한다.

वे लोग मिठाई ख़रीदने पाएँगे । '그들이 당과를 살 수는 있을 것이다.'
सुशीला कल समय पर आने नहीं पाई । '수실라는 어제 제시간에 도저히 올 수 없었다.'

पाना는 '얻다/발견하다'의 의미를 갖는 타동사이지만 서법조동사로 쓰일 때는 후치사 **ने**와 함께 하지 않는다.

सुशीला खाना खाने नहीं पाई । '수실라는 음식을 도저히 먹을 수 없었다.'

2. चुकना

चुकना는 '끝나다/마무리되다'의 의미를 갖는 자동사로서 본동사의 어간과 함께 상조동사로 쓰여 종결을 나타낸다.

मेरा बच्चा वहाँ पहुँच चुका । '우리 애가 그곳에 도착했다.'
कमला पत्र लिख चुकी । '까믈라가 편지 쓰기를 마쳤다.'
राम अभी काम कर चुका है । '람이 방금 일을 마쳤다.'
वे लोग खाना खा चुके । '그 사람들이 식사를 마쳤다.'

3. –आ करना

–आ करना '~하곤 하다'는 불규칙한 습관을 나타낸다. **–आ करना**의 **–आ**는 형태변화를 하지 않는다.

राम मेरे घर आया करता है । '람이 내 집에 오곤 한다.'
सीता मेरे घर आया करती है । '씨따가 내 집에 오곤 한다.'
लोग पेड़ के नीचे बात किया करते थे । '사람들이 나무 아래서 이야기하곤 했었다.'

उन दिनों महिलाएँ खेत में रात तक काम किया करती थीं।
'그 당시 여인들이 들에서 밤까지 일을 하곤 했었다.'

동사 **जाना** '가다'는 **गया**가 아닌 **जाया**의 형태를 취한다.

हम स्कूल पैदल जाया करते थे । '우리가 학교에 걸어가곤 했었다.'

4. –ता रहना, –आ रहना

–ता रहना는 미완료분사와 **रहना** '머물다'의 조합으로 동작의 지속을, **–आ रहना**는 완료분사와 **रहना**의 조합으로 상태의 지속을 나타낸다.

बच्चा बड़बड़ाता रहा है । '아이가 계속해서 중얼거린다.'
बरसात के मौसम में रात दिन पानी बरसता रहा । '우기에 밤낮으로 비가 계속 내렸다.'
खिलाड़ी दिन भर खेलते रहे । '운동선수들이 종일 경기를 계속했다.'
बच्ची कुरसी पर बैठी रही । '여자아이가 의자에 계속 앉아 있었다.'
किसान ज़मीन पर लेटे रहे थे । '농부들이 땅에 계속 누워 있었다.'
हम आपके इंतज़ार में सुबह से ठहरे रहे ।
'우리가 당신을 기다리며 아침부터 머물러 있었다.'

5. –ता जाना, –ता आना

–ता जाना '~어 가다'와 **–ता आना** '~어 오다'는 모두 동작의 지속을 나타낸다. **–ता जाना**는 이후로 지속되어 감을 그리고 **–ता आना**는 이선 시점부터 지속되어 옴을 나타낸다.

मज़दूर काम करते जाते हैं । '일꾼들이 계속 일하여 간다.'
लिखते जाओ । '계속하여 써 나아가라.'

भारत की जनसंख्या बढ़ती जाती है । '인도의 인구가 증가해 간다.'
मोहन कई सालों से पढ़ता आया है । '모한이 여러해 전부터 공부해 왔다.'
यह बात पुराने समय से होती आ रही है । '이 일이 예로부터 발생해 오고 있다.'
पिछले महीने से मज़दूर काम करते आए हैं । '지난달부터 일꾼들이 일해 왔다.'

6. –आ चाहना

–आ चाहना '막 ~려고 한다' 는 전망을 나타낸다. **–आ चाहना**의 **–आ**는 형태변화를 하지 않는다.

यह पेड़ गिरा चाहता है । '이 나무가 쓰러지려고 한다.'
तीन बजा चाहते हैं । '세 시가 되려고 한다.'
मैं बाज़ार जाया चाहता था कि माताजी आ गईं ।
'내가 시장에 가려고 했을 때 어머니가 오셨다.'

연습문제

1. 보기를 참고하여 **सकना** 조동사를 활용하여 빈칸을 채우시오.

보기

वह समय पर आती है । वह समय पर आ सकती है ।

1) मैं वहाँ जाता हूँ । ______
2) आप साड़ी नहीं ख़रीदते थे । ______
3) वह कल आगरा नहीं गया । ______
4) मोहन ने परसों अख़बार नहीं पढ़ा । ______
5) हम वहाँ पहुँचेंगे । ______
6) वह फ़िल्म देखेगी । ______

2. 보기를 참고하여 **पाना** 조동사를 활용하여 빈칸을 채우시오.

보기

☞ मोहन, क्या तुम काम करते हो ?
नहीं, मैं सिरदर्द के कारण काम नहीं कर पाता ।

1) सीता, क्या तुम सभा में जाती हो ?
नहीं, मैं बहुत काम के कारण सभा में ______
2) क्या सुशीला घर पहुँची ?
हाँ, वह बहुत कठिनाई से घर ______
3) क्या रमेश ने किताब पढ़ी ?
नहीं, वह ज़ुकाम के कारण किताब ______
4) क्या छोटी बहन गाड़ी चलाएगी ?
हाँ, वह बहुत कठिनाई से गाड़ी ______

5) क्या हम परीक्षा में पास होंगे ?

हाँ, हम बहुत मेहनत से परीक्षा में पास ______________________

6) क्या डॉक्टर ने बच्चे को बचाया ?

हाँ, वह बहुत कठिनाई से बच्चे को______________________

3. 보기를 참고하여 **चुकना** 조동사를 활용하여 빈칸을 채우시오.

보기

☞ क्या दुकान बंद हो गई है ? हाँ, दुकान बंद हो चुकी है ।

1) क्या तुमने आज का अख़बार पढ़ा है ?

हाँ, मैं ______________________

2) क्या रमेश ने माताजी को पत्र लिखा है ?

हाँ, ______________________

3) क्या रमेश समय पर पहुँचा था ?

हाँ, ______________________

4) क्या सीता ने चाय बनाई थी ?

हाँ, ______________________

5) क्या सुशीला शाम तक काम पूरा करेगी ?

हाँ, ______________________

6) क्या अगले साल तक बहन की शादी होगी ?

हाँ, ______________________

4. 보기를 참고하여 괄호 안에 주어진 동사가 각각 불규칙 습관, 동작의 지속, 상태의 지속, 전망을 표현할 수 있도록 빈칸을 채우시오.

보기

क ☞ मैं सिनेमा देखने जाया करता हूँ । (जाना)

1) बच्चे सिनेमा देखने ____________________ (जाना)
2) सुशीला स्कूल पैदल ____________________ (जाना)
3) मोहन स्कूल साइकिल से ____________________ (जाना)
4) लड़कियाँ दादाजी के घर ____________________ (जाना)

보기

ख ☞ मैं दिन भर खाना खाता रहता हूँ । (खाना)

1) मैं दिन भर हिन्दी ____________________ (पढ़ता)
2) सुशीला सारे दिन काम ____________________ (करना)
3) यहाँ हमेशा ठंडी हवा ____________________ (चलना)
4) बारिश दिन भर ____________________ (पड़ना)

보기

ग ☞ मैं दिन भर पलंग पर लेटी रहती हूँ । (लेटना)

1) वह लड़की सुबह से यहाँ ____________________ (ठहरना)
2) लड़के दिन भर कुरसी पर ____________________ (बैठना)
3) किताबें हमेशा मेज़ पर ____________________ (पड़ना)
4) पिताजी के बग़ीचे में पौधे ____________________ (लगना)

보기

घ ☞ देश की जनसंख्या बढ़ती जाती है । (बढ़ना)

1) देश में महँगाई ________________ (बढ़ना)

2) नदी में पानी ________________ (बढ़ना)

보기

☞ वह कई सालों से हिन्दी पढ़ता आता है । (पढ़ना)

3) देश में पिछले साल से रोज़गार ________________ (बढ़ना)

4) सीता कई महीनों से उर्दू ________________ (पढ़ना)

보기

ङ ☞ हम बाज़ार जाया चाहते हैं । (जाना)

1) बच्चे यहाँ ________________ (खेलना)

2) मोहन तस्वीरें दीवार पर ________________ (लगाना)

3) मोहन व्यायाम ________________ (करना)

4) बारिश ________________ (होना)

어 휘

इंतज़ार (남) 기다림
किसान (남) 농부
खेत (남) 들
जनसंख्या (여) 인구
दीवार (여) 벽
नीचे (부) 아래
  के नीचे (후) ~의 아래
पेड़ (남) 나무
बरसात (여) 우기
महँगाई (여) 고가, 고물가
रात दिन (부) 밤낮으로
सभा (여) 모임
हमेशा (부) 항상
कमला (여) 까믈라 (여자이름)
खिलाड़ी (남) 운동선수
चुकना (자동) 끝나다, 종결되다
तस्वीर (여) 그림
देश (남) 국가
पाना (타동) 얻다, 발견하다
  (조동사) 겨우 … 할 수 있다
बड़बड़ाना (자동) 중얼거리다
मज़दूर (남) 일꾼
मौसम (남) 날씨, 기후
व्यायाम (남) 운동
समझना (자동/타동) 이해하다

연습문제 해답

1 1) मैं वहाँ जा सकता हूँ ।
2) आप साड़ी नहीं ख़रीद सकते थे ।
3) वह कल आगरा नहीं जा सका ।
4) मोहन परसों अख़बार नहीं पढ़ सका ।
5) हम वहाँ पहुँच सकेंगे ।
6) वह फ़िल्म देख सकेगी ।

2 1) नहीं जा पाती ।
2) पहुँच पाई ।
3) नहीं पढ़ पाया ।
4) चला पाएगी ।
5) हो पाएँगे ।
6) बचा पाया ।

3 1) आज का अख़बार पढ़ चुका हूँ / चुकी हूँ ।

2) वह माताजी को पत्र लिख चुका है ।

3) वह समय पर पहुँच चुका था ।

4) वह चाय बना चुकी थी ।

5) वह शाम तक काम पूरा कर चुकेगी ।

6) अगले साल तक बहन की शादी हो चुकेगी ।

4 क

1) जाया करते हैं ।
2) जाया करती है ।
3) जाया करता है ।
4) जाया करती हैं ।

ख

1) पढ़ता रहता हूँ । / पढ़ती रहती हूँ ।
2) करती रहती है ।
3) चलती रहती है ।
4) पड़ती रहती है ।

ग

1) ठहरी रहती है ।
2) बैठे रहते हैं ।
3) पड़ी रहती हैं ।
4) लगे रहते हैं ।

घ

1) बढ़ती जाती है ।
2) बढ़ता जाता है ।
3) बढ़ता आता है ।
4) पढ़ती आती है ।

ङ

1) खेला चाहते हैं ।
2) लगाया चाहता है ।
3) किया चाहता है ।
4) हुआ चाहती है ।

제12장

대명형용사 1

대명형용사로는 부정(不定), 의문, 지시, 관계 등이 있다.

1. 부정대명형용사

कुछ

कुछ는 불변화사로서 대명사, 형용사, 부사의 기능을 한다. 대명사로 기능할 때는 '어떤 것', '무언가', '아무것'의 의미를 갖는다.

राम ने मोहन को कुछ दे दिया । '람은 모한에게 무언가를 주었다.'
राम ने मोहन को कुछ नहीं दिया । '람은 모한에게 아무것도 안 주었다.'
मुझे कुछ कहो । '뭔가 말을 해봐.'

형용사로 기능할 때는 '몇몇', '약간의' 등의 의미를 갖는다

कमरे में कुछ आदमी हैं । '방에 몇몇 사람들이 있다.'

부사로서는 '조금'의 의미를 갖는다.

वे लोग कुछ देर में पहुँचे । '그 사람들은 좀 늦게 도착했다.'
वह लड़की कुछ लज्जित हुई । '그 소녀는 좀 부끄러워졌다.'

다른 단어들과 결합하여 연어(連語)를 이룬다.

कुछ और '좀 더', '뭔가 다른'
और कुछ '다른 뭔가', '더 좀'
बहुत कुछ '아주 많이'
सब कुछ '모든'
जो कुछ '무엇이든'
कुछ भी '무엇도'

कुछ और खाओ । '조금 더 먹어라.'
और कुछ दिखाओ । '더 뭔가 보여주게.'

⊕ कोई

कोई는 대명사나 형용사로 쓰이며 수와 격에 따라 형태변화한다.

	직격	사격
단수	कोई	किसी
복수	कोई	किन्हीं

कोई는 대명사로서 '누군가', '아무개'의 의미를 갖는다.

कमरे में कोई नहीं है । '방에 아무도 없다.'
किसी से पूछ लो । '누군가에게 물어봐라.'
ये मिठाइयाँ किन्हीं में बाँट दो । '이 당과를 여러 누군가에게 나누어 주어라.'

형용사로서 '어떤', '아무'의 의미를 가지며 수 앞에서는 '대략'의 의미를 갖는다.

दफ़्तर में कोई आदमी नहीं है । '사무실에 아무도 없다.'
किसी गाँव में एक ग़रीब स्त्री रहती थी । '어떤 마을에 한 가난한 여인이 살았다.'
घर में कोई पाँच नौकर हैं । '집에 약 다섯 명의 하인이 있다.'

다른 단어들과 결합하여 연어를 이룬다

कोई और '누군가 다른', '무언가 다른'
और कोई '다른 누군가', '다른 무언가'
जो कोई '누구든지'
कोई भी '누구도'
कोई न कोई '누군가 또는 다른 이'

대명사로 쓰일 때 **कोई**는 사람을 **कुछ**는 사물을 지시한다. 그러나 형용사로 쓰일 때는 사람과 사물의 구별이 없이 **कोई**는 특정한 것을 **कुछ**는 일부를 의미한다.

मेरे पास कोई किताब नहीं है । '나는 아무런 책도 없다.'
मेरे पास कुछ किताबें हैं । '나는 책이 몇 권 있다.'

2. 의문대명형용사

कौन

कौन은 대명사, 형용사, 부사의 기능을 하며 수와 격에 따라 형태변화한다.

	직격	사격	사격 + **ने**	사격 + **को**	사격 + **से**
단수	कौन	किस	किसने	किसे, किसको	किससे
복수	कौन	किन	किन्होंने	किन्हें, किनको	किनसे

대명사로 쓰여 '누구' 또는 여럿 중에서 선택하는 '어느 사람/것'의 의미를 갖는다.

कौन बाहर खड़ा है ? '누가 밖에 서 있는가?'
आप किससे मिलना चाहते हैं ? '당신은 누구와 만나기를 원합니까?'
यह किसकी किताब है ? '이것은 누구의 책인가?'
इन फूलों में तुम्हें कौन पसंद है ? '이 꽃들 중에서 너는 어느 것이 좋지?'

형용사로 쓰여 '어느'의 의미를 갖는다.

तुम्हें कौन रंग पसंद है ? '너는 어느 색이 좋은가?'
मैंने कौन ग़लती की ? '내가 어느 잘못을 저질렀는가?'

여럿 중에서 특정한 대상을 명확히 지시하는 대답을 요구하는 경우 **कौन** 대신에 **कौन-सा**가 선호된다. **कौन-सा**는 뒤따르는 명사의 성, 수, 격에 따라 **कौन-से**, **कौन-सी**의 형태를 취한다.

आपको कौन-सा सेब चाहिए ? '당신은 어느 사과를 원합니까?'
यह चीज़ कौन-सी दुकान से मिलती है ? '이 물건은 어느 가게에서 구하는가?'

कौन-कौन, किस-किस, किन-किन 등의 반복어는 배분(配分)의 의미를 갖는다. 복수 형태는 복수가 아니라 존칭의 의미를 갖는다.

घर में कौन-कौन है ? '집에 누구 누구 있는가?'
घर में कौन-कौन हैं ? '집에 누구 누구 계신가?'
तुम किन-किनसे बोले ? '너는 어느 분 어느 분한테 말했는가?'

❸ क्या

क्या의 사격 형태는 **कौन**과 동일하다.

	직격	사격	사격 + **ने**	사격 + **को**	사격 + **से**
단수	क्या	किस	किसने	किसे, किसको	किससे
복수	क्या	किन	किन्होंने	किन्हें, किनको	किनसे

क्या는 일반의문문의 의문표지로 쓰인다.

क्या मैं वापस जाऊँ ? '내가 돌아가도 될까요?'
क्या आप प्रधान मंत्री हैं ? '당신이 총리입니까?'

대명사로 '무엇'을 의미한다.

क्या हुआ ? '무슨 일이 일어났는가?'
तुमने क्या देखा ? '너는 무엇을 보았는가?'

형용사로 '무슨'의 의미를 갖는다.

क्या बात है ? '무슨 일인가?'
यह क्या किताब है ? '이것은 무슨 책인가?'
तुम क्या काम कर रहे हो ? '너는 무슨 일을 하고 있는가?'
☞ तुम कौन काम कर रहे हो ? '너는 어느 일을 하고 있는가?'

감탄문이나 양보절을 이끈다.

क्या ख़ूब ! '얼마나 대단한가!'
अँग्रेज़ी तो क्या, वह हिन्दी भी जानता है । '영어는 무슨, 그는 힌디어도 안다.'
क्या बेटा, क्या बेटी, मैं दोनों को प्यार करता हूँ । '아들이나 딸이나 나는 둘 다 사랑한다.'
क्या ग़रीब, क्या अमीर । '가난하거나 부자거나.'

반복어로 배분(配分)의 의미를 표현한다.

तुम क्या क्या चाहती हो ? '너는 무엇 무엇을 원하는가?' (다른 것들)
आप क्या-क्या लाए ? '당신은 무엇 무엇을 가져왔는가?'

क्या와 **कौन**의 사격 형태는 동일하기 때문에 이중적인 의미로 쓰일 수 있다.

तुम किस काम से आए हो ? '너는 무슨/어느 일로 왔는가?'
तुम किसके बारे में बोल रही हो ? '너는 무엇/누구에 대하여 말하고 있는가?'

연습문제

1. 괄호 안에 주어진 단어를 문맥에 맞게 형태변화하시오.

1) ______ भी देवता ने उसकी मदद नहीं की । (कोई)

2) ______ ने भी गाना नहीं गाया । (कोई)

3) मुझे ______ की मदद नहीं चाहिए । (कोई)

4) तुमने ______ भी चिट्ठियों के उत्तर नहीं दिए । (कोई)

5) ______ ने तुम्हें फूल दिया ? (कौन)

6) राम ______ बच्चों के साथ खेल रहा है ? (कौन)

7) मोहन ______ को पत्र लिखता है ? (कौन)

8) आप ______ बात से नाराज़ हैं ? (क्या)

2. 보기를 참고하여 밑줄 친 곳에 **कोई** 또는 **कुछ**를 넣으시오.

보기

क : मुझे लगता है कि राम ने मोहन को कुछ दिया ।
ख : मुझे पता है कि राम ने मोहन को किताबें दीं ।

1) क : मुझे लगता है कि इस बालटी में ______ है ।
ख : मुझे पता है कि इस बालटी में पानी है ।

2) क : मुझे लगता है कि मैदान में ______ खेलता है ।
ख : मुझे पता है कि मैदान में राम खेलता है ।

3) क : मुझे लगता है कि क्लास में ______ बच्चे पढ़ते हैं ।
ख : मुझे पता है कि क्लास में सुशीला जी के बच्चे पढ़ते हैं ।

4) क : मुझे लगता है कि ______ सम्मेलन में राम उपस्थित है ।
ख : मुझे पता है कि हिन्दी सम्मेलन में राम उपस्थित है ।

5) क : मुझे लगता है कि राम मिठाइयाँ ________ में बाँट देता है ।

ख : मुझे पता है कि राम मिठाइयाँ बच्चों में बाँट देता है ।

3. 보기를 참고하여 **क**와 **ख**의 문장이 유사한 의미를 지니도록 **कोई**와 **कुछ** 또는 관련된 연어를 넣으시오.

보기

क : इस सभा में लगभग दस सदस्य उपस्थित हैं ।
ख : इस सभा में कोई दस सदस्य उपस्थित हैं ।

1) क : शीला थोड़ी देर में पहुँची ।

ख : शीला ________ देर में पहुँची ।

2) क : मैंने भारत में अधिक सीखा ।

ख : मैंने भारत में ________ सीखा ।

3) क : मुझे दूसरी चीज़ दिखाओ ।

ख : मुझे ________ दिखाओ ।

4) क : यह प्रश्न दूसरे आदमी से पूछिए ।

ख : यह प्रश्न ________ पूछिए ।

5) क : बॉस मुझे काम के बारे में सारी बातें बताता है ।

ख : बॉस मुझे काम के बारे में ________ बताता है ।

4. 보기를 참고하여 **कौन**와 **क्या**의 적절한 형태를 넣어 문답을 완성하시오.

1) **क : अभी घर पर ________ है ?**

ख : घर पर राम है ।

2) **क : राम ने आपको ________ दिया ?**

ख : उसने मुझे एक किताब दी ।

3) **क : तुम ________ से मिलना चाहते हो ?**

ख : मैं राम से मिलना चाहता हूँ ।

4) **क : तुम ________ से लिख रहे हो ?**

ख : मैं क़लम से लिख रहा हूँ ।

5) **क : यहाँ सब्ज़ी में ________ मिलता है ?**

ख : यहाँ आलू, गोभी, प्याज़ आदि सब्ज़ियाँ मिलती हैं ।

6) **क : क्या आपको इन साड़ियों में से ________ साड़ी पसंद है ?**

ख : मुझे इन साड़ियों में से वह लाल वाली साड़ी पसंद है ।

어 휘

अमीर (형) 부유한 (남) 부자
आलू (남) 감자
कलम (여) 펜
ग़रीब (형) 가난한, 빈곤한
गाँव (남) 시골
चीज़ (여) 물건
दिखाना (타동) 보여주다
देवता (남) 신(神)
पास (부) **के पास** 가까이, 한테
प्याज़ (남) 양파
प्रश्न (남) 질문
बारे (남) **के बारे में** 관하여
लज्जित (형) 부끄러운
सदस्य (남) 회원, 일원
सम्मेलन (남) 회의, 대회
आदि (불) 등등
कई (형) 여러
खड़ा (형) 서 있는
ग़लती (여) 잘못
गोभी (여) 양배추
थोड़ा (형) 약간의 (부) 약간, 조금
दूसरा (형) 다른
नौकर (남) 일꾼
पूछना (타동) 묻다
प्यार (남) 사랑
बाँटना (타동) 나누다
बालटी (여) 양동이
लाना (타동) 가져오다
सब्ज़ी (여) 채소

연습문제 해답

1 1) किसी
2) किसी
3) किसी
4) किन्हीं
5) किस / किन्हों
6) किन
7) किस / किन
8) किस

2 1) कुछ
2) कुछ
3) कोई
4) किसी
5) किन्हीं

3 1) कुछ
2) बहुत कुछ
3) और कुछ / कुछ और
4) किसी और से / और किसीसे
5) सब कुछ

4 1) कौन
2) क्या
3) किस
4) किस
5) क्या क्या
6) कौन सी

제13장

대명형용사 2

3. 지시대명형용사

인칭대명사로 쓰이는 **यह** '이'와 **वह** '그'는 지시대명형용사로도 기능하며 수와 격에 따라 아래와 같은 변화표를 갖는다.

	यह		वह	
	단수	복수	단수	복수
직격	यह	ये	वह	वे
사격	इस	इन	उस	उन
사격 + **ने**	इसने	इन्होंने	उसने	उन्होंने
사격 + **को**	इसको	इनको	उसको	उनको
목적격(축약형)	इसे	इन्हें	उसे	उन्हें
사격 + **से**	इससे	इनसे	उससे	उनसे

지시대명형용사는 화자를 기준으로 시간이나 공간의 멀고 가까움을 표현한다.

यह किताब मेरी है और वह किताब तुम्हारी है ।
'이 책은 나의 것이고 그 책은 너의 것이다.'
इस महीने मैं भारत जा रहा हूँ । '이번 달에 나는 인도에 갈 것이다.'
उस समय वह घर में नहीं था । '그때 그는 집에 없었다.'

☞ **ऐसा** '이러한', **वैसा** '그러한', **जैसा** '저러한' 등은 지시형용사로서 기능하며 형태 변화는 **-आ**로 끝나는 형용사의 경우와 동일하다.

वैसा आदमी ख़तरनाक है । '그런 사람은 위험하다.'
सेजोङ जैसा राजा विरला है । '세종과 같은 왕은 드물다.'
आज के समय में ऐसा लड़का कहाँ मिलता है ?
'요즘과 같은 시대에 이런 소년을 어디서 볼 수 있을까?'

जैसा가 '~같은'의 의미로 사용될 때 **जैसा**를 선행하는 명사는 사격변화하고, **जैसा**는 후행하는 명사의 성, 수, 격에 따라 형태변화한다.

बेटे जैसी बेटी '아들과 같은 딸'
लड़की जैसा लड़का '소녀와 같은 소년'

4. 관계대명형용사 जो

관계대명형용사(관계사) **जो**는 문장에서 단독으로 또는 명사와 함께 나타나며 수와 격에 따라 다른 형태를 갖는다.

	단수	복수
직격	जो	जो
사격	जिस	जिन
사격 + **ने**	जिसने	जिन्होंने
사격 + **को**	जिसको	जिनको
목적격(축약형)	जिसे	जिन्हें
사격 + **से**	जिससे	जिनसे

관계절을 포함하는 복문은 관계절과 주절로 구성된다. 관계사 **जो**는 관계절에 나타나며 주절의 **वह** '그', **एक** '한', **ऐसा** '이러한' 등의 상관사와 연결된다.

구분	선행절	후행절
관계절이 선행하는 경우	जो + (명사)	वह, वे
관계절이 후행하는 경우	एक / ऐसा + 명사	जो

일반적으로 상관사 **वह**, **वे**를 동반하는 주절은 관계절을 후행하며 상관사 **एक**, **ऐसा**를 동반하는 주절은 관계절을 선행한다. 어느 경우이든 선행절에서 관계사나 상관사의 수식을 받는 명사는 후행절에서 반복되지 않는다.

उसने जो कहा, वह सच है । '그가 그것을 말했는데 그것은 사실이다.'
जो आदमी कल आया था, वह मेरा मित्र है । '그 사람이 어제 왔었는데 그는 내 친구다.'
तुमने जिन लड़कियों को देखा है, वे मेरी छात्राएँ हैं ।
'네가 그 소녀들을 보았는데 그들은 나의 여학생들이다.'

मैं जिस युवा से मिला, उसने यहाँ काम करना चाहा ।
'내가 그 젊은이와 만났는데 그는 여기에서 일하기를 원했다.'
मैं एक युवा से मिला, जिसने यहाँ काम करना चाहा ।
'내가 한 젊은이와 만났는데 그는 여기에서 일하기를 원했다.'

때로 상관사 **वह** 또는 **वे**를 동반하는 주절이 관계절을 선행하는 경우도 볼 수 있다.

मैं उस आदमी से मिला, जिसने यह काम किया ।
'내가 그 사람을 만났는데 그는 이 일을 했다.'
विवाह उनसे न करें जिनके साथ आप रह सकते हैं, विवाह उनसे करें जिनके बिना आप नहीं रह सकते ।
'결혼은 당신이 함께 살 수 있는 사람과 하지 말라, 없이는 살 수 없는 사람과 하라.'

회화체에서 관계사에 상응하는 상관사가 생략되기도 한다.

मुझे जो काम करना था, मैं (उसे) नहीं कर पाया ।
'나는 할 일이 있었는데 도저히 할 수 없었다.'
मुझे दो कमरों वाला (एक) फ़्लैट चाहिए, जिसमें मेरा परिवार रह सके ।
'나는 내 가족이 거주할 만한 방이 둘 있는 집이 필요하다.'

관계사 **जो**는 부정대명형용사와 함께 연어를 이룬다.

जो कुछ '무엇이든', '어느 것이든'
जो कुछ तुम चाहते हो, वह करो । '네가 무엇을 원하든지 그것을 하라.'
जो कोई '누구든', '어느 것이든'
जो कोई बोलना चाहता है, अपना हाथ उठाओ ।
'누구든지 말하고 싶은 사람은 자신의 손을 들어라.'

연습문제

1. 보기를 참고하여 주어진 문장을 지시대명형용사 **यह, ये, इस, इन, वह, वे, उस, उन**을 동반한 단문으로 나누시오.

보기

☞ मेरी किताब को तुम्हें दे दूँगा ।
① यह मेरी किताब है । इसे तुम्हें दे दूँगा ।
② वह मेरी किताब है । उसे तुम्हें दे दूँगा ।

1) **मेरी किताबों को तुम्हें दे दूँगा ।**

① ______________________

② ______________________

2) **मेरे कमरे में कुत्ता है ।**

① ______________________

② ______________________

3) **मेरे दोस्त के कपड़े अच्छे हैं ।**

① ______________________

② ______________________

4) **मेरी लड़कियों ने किताबें पढ़ीं ।**

① ______________________

② ______________________

2. 보기를 참고하여 주어진 문장들을 **जो**와 **वह** / **वे**를 사용하여 하나의 문장으로 바꾸시오.

보기

☞ ① मेज़ पर किताब रखी हुई है ।
② किताब लाओ ।
मेज़ पर जो किताब रखी हुई है, उसे लाओ ।

1) ① चीज़ें नीचे गिरी हुई हैं ।
② चीज़ों को उठा लो ।

____

2) ① नौकरों ने दरवाज़ा खोला है ।
② नौकरों ने कमरा साफ़ किया है ।

____

3) ① बच्चा बाहर खेल रहा है ।
② गेंद बच्चे का है ।

____

4) ① मैं लड़कों से मिला ।
② लड़के हमेशा सच बोलते हैं ।

____

3. 보기를 참고하여 주어진 문장들을 **एक** / **ऐसा**와 **जो**를 사용하여 하나의 문장으로 바꾸시오.

보기

☞ ① शाम को इधर हवा आएगी ।
② हवा ठंडी हो ।
शाम को इधर ऐसी हवा आएगी, जो ठंडी हो ।

1) ① **लड़का परीक्षा में पास होगा ।**
② **लड़का मेहनत से पढ़ता हो ।**

2) ① **मुझे एक फ़्लैट चाहिए ।**
② **फ़्लैट में चार कमरे हों ।**

3) ① **बाहर एक लड़की बैठी है ।**
② **लड़की के बाल लंबे हैं ।**

4) ① **मैं लड़कों से बात करना चाहता हूँ ।**
② **लड़कों ने बहुत देशों की यात्रा की ।**

어 휘

आदमी (남) 사람, 남자

कमरा (남) 방

छात्रा (여) 여학생

परिवार (남) 가족

बाल (남) 머리카락

युवा (형) 젊은 (남) 청년, 젊은이

राजा (남) 왕

विरला (형) 드문

सेजोङ (남) 세종, 세종대왕

उठाना (타동) 올리다, 들어올리다

ख़तरनाक (형) 위험한

देश (남) 나라, 국가

फ़्लैट (남) 아파트

यात्रा (여) 여행

रखना (타동) 두다, 놓다

लंबा (형) 긴

सच (남) 진실, 진리 (형) 진실의

हाथ (남) 손

연습문제 해답

1 1) ① ये मेरी किताबें हैं । इन्हें तुम्हें दे दूँगा ।

② वे मेरी किताबें हैं । उन्हें तुम्हें दे दूँगा ।

2) ① यह मेरा कमरा है । इसमें कुत्ता है ।

② वह मेरा कमरा है । उसमें कुत्ता है ।

3) ① यह मेरा दोस्त है । इसके कपड़े अच्छे हैं ।

② वह मेरा दोस्त है । उसके कपड़े अच्छे हैं ।

4) ① ये मेरी लड़कियाँ हैं । इन्होंने किताबें पढ़ीं ।

② वे मेरी लड़कियाँ हैं। उन्होंने किताबें पढ़ीं ।

2 1) जो चीज़ें नीचे गिरी हुई हैं, उन्हें उठा लो ।

2) जिन नौकरों ने दरवाज़ा खोला है, उन्होंने कमरा साफ़ किया है ।

3) जो बच्चा बाहर खेल रहा है, गेंद उसका है ।

4) मैं जिन लड़कों से मिला, वे हमेशा सच बोलते हैं ।

3 1) ऐसा लड़का परीक्षा में पास होगा, जो मेहनत से पढ़ता हो ।

2) मुझे एक फ़्लैट चाहिए, जिसमें चार कमरे हों ।

3) बाहर एक लड़की बैठी है, जिसके बाल लंबे हैं ।

4) मैं ऐसे लड़कों से बात करना चाहता हूँ, जिन्होंने बहुत देशों की यात्रा की ।

제14장

-सा와 वाला의 용법

1. -सा의 용법

- 접사 **-सा**는 성질형용사에 붙어 성질의 약한 정도를 나타내며 수량형용사에 붙어 수량을 강조하거나 수량의 모호한 정도를 나타낸다.

छोटा '작은'　　छोटा-सा '자그만한'
काला '검은'　　काला-सा '거무스름한'
बहुत '많은'　　बहुत-सा '상당히 많은'
थोड़ा '적은'　　थोड़ा-सा '약간의'

- 접사 **-सा**는 **-आ**로 끝나는 형용사처럼 변화한다.

छोटी-सी चिड़िया '자그만한 새'
मैं पतले-से कपड़े पसंद करती हूँ । '나는 얇은 듯한 옷을 좋아해요.'

- 접사 **-सा**는 명사나 사격의 대명사에 붙어 유사함을 표현한다.

फूल-सी महिला '꽃 같은 여인'
कुत्ता-सा जीवन '개 같은 인생'

मुझ-सा अच्छा लड़का '나 같은 착한 소년'
शेर-सा दिल '사자 같은 심장'

접사 **-सा**는 소유격 단어에 붙어 소유자의 것과 같음을 표현한다.

शेर का-सा दिल '사자의 것과 같은 심장'
लड़की की-सी आवाज़ '소녀의 것과 같은 목소리'
रोमिओ का-सा प्रेम '로미오의 것과 같은 사랑'
हमारा-सा दुःख '우리의 것과 같은 슬픔'

☞ 관계사 **जैसा**, **जितना** 등도 사격의 명사에 붙어 유사함을 표현한다.

कुत्ते जैसा जीवन '개 같은 인생'
इसरायल जैसा देश '이스라엘 같은 나라'
इसरायल जितना बड़ा क्षेत्र '이스라엘만큼 큰 지역'

2. वाला의 용법

वाला는 여러 의미와 기능을 갖는 접사이다. 단어나 구와 **वाला**가 결합한 형태는 명사나 형용사 또는 동사의 기능을 한다.

1) 사격의 명사 + वाला

소유자를 나타내는 경우

बैल वाला '소주인', पैसे वाला '돈을 가진 자/부자', हिंदी वाला '힌디어 사용자'

- 값이나 가격을 나타내는 경우

एक सौ रुपये वाली क़लम '백 루피 짜리 펜'
पचास रुपये वाला टिकट '오십 루피 짜리 티켓'

- 직업이나 장사꾼을 나타내는 경우

फल वाला '과일장수', दूध वाला '우유장수', केले वाला '바나나장수',
रिक्शे वाला '인력거꾼'

- '~로 된'의 의미를 갖는 경우

पत्थर वाला मकान '돌집', मिट्टी वाला मकान '흙집'

- 거주지를 나타내는 경우

सउल वाला '서울사람', गाँव वाला '촌사람', शहर वाला '도시사람'

- 소속을 나타내는 경우

आप वाला '보통사람당원' ☞ आप = आम आदमी पार्टी
मुसलिम लीग वाला '무슬림 리그 소속 사람'

- 후행하는 명사를 수식하는 형용사로 기능

लाल साड़ी वाली महिला '빨강 사리를 입은 여인'

2) 형용사/대명사 + वाला

형용사 또는 명사의 기능을 한다.

लाल वाला '빨간 것', **लाल वाला कपड़ा** '빨간 색의 천'
☞ **लाल कपड़ा** '빨간 천'
यह वाला '이것', **वह वाला** '저것'

형용사와 대명사는 **वाला**의 성, 수, 격에 따라 변화한다.

पहले वाले कपड़े '첫번째 옷'
पहली वाली चीज़ '첫번째 물건'
इस वाले को '이것을'
इन वालों को '이것들을'

3) 부사/후치사 + वाला

처소 등을 나타낸다.

ऊपर वाला कमरा '위층 방'
नीचे वाला कमरा '아래층 방'
बीच वाले कपड़े '사이에 있는 옷'
पास वाली दुकान '근처의 가게'
स्टेशन के पास वाला थाना '역 근처의 파출소'

4) 사격의 부정사 + **वाला**

- 동사행위를 수행하는 사람을 나타내거나 가까운 미래를 나타낸다.

बेचने वाला '파는 사람'
बोलने वाला '말하는 사람'
देने वाला '주는 사람'
मैं शाम को दिल्ली जाने वाला हूँ । '나는 저녁에 델리에 갈 것이다.'
उसकी शादी होने वाली है । '그의 결혼이 있을 것이다.'

- 강조사 **ही**를 사격의 부정사 뒤에 추가하여 전망을 나타낸다.

मैं दिल्ली जाने ही वाला हूँ । '내가 델리에 막 가려던 참이다.'
वह घर लौटने ही वाला था । '그가 집에 막 돌아가려던 참이었다.'

연습문제

1. 보기를 참고하여 주어진 문장을 **-सा** 접사를 활용한 문장으로 바꾸시오.

보기

☞ मैं एक महिला से मिला, जो फूल जैसी सुंदर है ।
मैं फूल-सी सुंदर महिला से मिला ।

1) **आपको एक लड़का मिला है, जो मुझ जैसा अच्छा है ।**

2) **ईश्वर ने मुझे ऐसा दिल दिया, जो शेर जैसा है ।**

3) **आपने मुझे ऐसा प्रेम दिया, जो माताजी के प्रेम जैसा है ।**

4) **वह ऐसी आवाज़ से बोला, जो लड़की की जैसी थी ।**

2. 보기를 참고하 **वाला** 접사를 활용한 문장으로 바꾸시오.

보기

क ☞ एक लड़का आया, जिसके बाल लम्बे हैं ।
लम्बे बालों वाला लड़का आया ।

1) **ऐसी लड़कियाँ आईं, जिनकी आँखें बड़ी हैं ।**

2) **उसने मुझे एक क़लम दी, जो दो सौ रुपये की है ।**

3) मुझे एक मकान चाहिए, जो पत्थर से बना हुआ है ।

4) हमारे क्लास में ऐसे लड़के ज़्यादा हैं, जो सउल के हैं ।

보기

ख ☞ आशा को वह साड़ी पसंद है, जो लाल है ।
आशा को लाल वाली साड़ी पसंद है ।

1) मुझे वह कुरता दिखाओ, जो पीला है ।

2) मुझे हमेशा वह अच्छा लगता है, जो नया है ।

3) मैं उस दुकान से दूध ख़रीदता हूँ, जो पास है ।

4) मैं उस कमरे में ठहरता हूँ, जो ऊपर है ।

보기

ग ☞ उसे बुलाओ, जो अभी खेल रहा है ।
अभी खेलने वाले को बुलाओ ।

1) उन्हें भी मिठाई दे दो, जो अभी जा रहे हैं ।

2) मैंने उससे केला ख़रीदा, जो वहाँ फल बेच रहा है ।

3) मैं उस युवा से मिला, जो यहाँ काम कर रहा है ।

4) वह आदमी मेरा मित्र है, जो कल आ रहा है ।

보기

घ ☞ हम दफ़्तर जा रहे हैं ।
हम दफ़्तर जाने वाले हैं ।

1) तुम कल कहाँ जा रहे हो ?

2) मेरी बहन की शादी अगले महीने हो जाएगी ।

3) हम साथ यात्रा करेंगे ।

4) शाम को वर्षा पड़ेगी।

어 휘

आम (형) 일반적인, 평범한
इसरायल (남) 이스라엘
काला (형) 검정의, 어두운
क्षेत्र (남) 지역
चिड़िया (여) 새
टिकट (남) 티켓
पतला (형) 얇은, 날씬한
पार्टी (여) 정당
बैल (남) 황소
मुसलिम (남) 회교도
लीग (여) 동맹, 모임
शहर (남) 도시
आवाज़ (여) 목소리, 음향
क़लम (여) 펜
क्लास (남) 학급, 등급 (여) 수업
गाँव (남) 마을, 시골
जीवन (남) 인생
देश (남) 나라, 국가
पत्थर (남) 돌
प्रेम (남) 사랑
मिट्टी (여) 흙
रोमिओ (남) 로미오
वर्षा (여) 비
शेर (남) 사자

연습문제 해답

1 1) आपको मुझ-सा अच्छा लड़का मिला है ।

2) ईश्वर ने मुझे शेर-सा दिल दिया ।

3) आपने मुझे माताजी का-सा प्रेम दिया ।

4) वह लड़की की-सी आवाज़ से बोला ।

2 क

1) बड़ी आँखों वाली लड़कियाँ आईं ।

2) उसने मुझे दो सौ रुपये वाली क़लम दी ।

3) मुझे पत्थर वाला मकान चाहिए ।

4) हमारे क्लास में सउल वाले लड़के ज़्यादा हैं ।

ख

1) मुझे पीला वाला कुरता दिखाओ ।

2) मुझे हमेशा नया वाला अच्छा लगता है ।

3) मैं पास वाली दुकान से दूध ख़रीदता हूँ ।

4) मैं ऊपर वाले कमरे में ठहरता हूँ ।

ग

1) अभी जाने वालों को भी मिठाई दे दो ।

2) मैंने वहाँ फल बेचने वाले से केला ख़रीदा ।

3) मैं यहाँ काम करने वाले युवा से मिला ।

4) कल आने वाला आदमी मेरा मित्र है ।

घ

1) तुम कल कहाँ जाने वाले हो ।

2) मेरी बहन की शादी अगले महीने होने वाली है ।

3) हम साथ यात्रा करने वाले हैं ।

4) शाम को वर्षा पड़ने वाली है ।

제15장

비교급과 최상급

형용사와 부사는 성질이나 정도의 차이를 나타내기 위해 원급, 비교급, 최상급의 형식을 갖는다. 힌디어는 기본적으로 형용사나 부사 자체가 비교를 위한 어형변화를 하지는 않는다.

원급비교는 후치사구 **के समान** '~과 대등한/대등하게', **के बराबर** '~과 대등한/대등하게', **की तरह** '~처럼', **के जैसे** '~같이' 등을 사용하여 표현한다.

छोटू मेरे समान समझदार है । '초뚜는 나만큼 똑똑하다.'
छोटू मेरे बराबर बड़ा है । '초뚜는 나만큼 크다.'
छोटू मेरे जैसे मज़बूत है । '초뚜는 나처럼 힘세다.'
छोटू मेरी तरह होशियार है । '초뚜는 나처럼 현명하다.'
यहाँ कोई राम के जैसे अच्छा लिख नहीं सकता । '여기 누구도 람처럼 잘 쓸 수 없다.'
यहाँ कोई राम की तरह काम नहीं कर सकता । '여기 누구도 람처럼 일할 수 없다.'

비교급은 후치사 **से** '~보다'를 사용하여 표현한다.

मोहन छोटू से बड़ा है । '모한은 초뚜보다 크다.'
मोहन छोटू से समझदार है । '모한은 초뚜보다 똑똑하다.'

후치사 **से** 대신에 **की अपेक्षा** '~에 비교하여', **की बनिस्बत** '~와 비교하여', **की तुलना में** '~와 비교하여' 등이 쓰이기도 한다.

छोटू की अपेक्षा मोहन समझदार है । '초뚜에 비해 모한이 똑똑하다.'
छोटू की बनिस्बत मोहन मज़बूत है । '초뚜에 비해 모한이 힘세다.'

두 대상을 비교할 때 형용사 앞에 **अधिक** '많은', **ज़्यादा** '많은', **कम** '적은', **बढ़कर** '나아가', **कहीं** '훨씬 더' 등을 추가하기도 한다.

तुम मुझसे होशियार हो । '너는 나보다 현명하다.'
तुम मुझसे अधिक होशियार हो । '너는 나보다 더 현명하다.'
तुम मुझसे भी बढ़कर होशियार हो । '너는 나보다도 더 현명하다.'
तुम मुझसे कहीं होशियार हो । '너는 나보다 훨씬 더 현명하다.'

비교대상이 막연한 경우에는 **और** '더' 또는 **और भी** '더욱더'를 형용사 앞에 추가한다.

और अच्छा कपड़ा दिखाओ । '더 좋은 천을 보여주시오.'

최상급은 **सब से** '모두보다'를 사용하여 표현한다.

यह इमारत सब से ऊँची है । '이 건물이 가장 높다.'
मोहन अपनी कक्षा में सब से पतला है । '모한은 반에서 가장 홀쭉하다.'
मोहन सब छात्रों से पतला है । '모한은 학생들 중에서 가장 홀쭉하다.'

후치사 **में** 또는 **में से**를 사용하여 비교급과 최상급을 표현하기도 한다.

हम दोनों में तुम बड़े हो । '우리 둘 중에서 네가 크다.'
उन तीन छात्रों में वह बड़ा है । '그들 세 학생 중에서 그가 크다.'
उन तीनों में से वह बड़ा है । '그들 셋 중에서 그가 크다.'

최상급은 **से**를 사이에 두고 형용사를 반복하여 표현하기도 한다. 이때 후치사 **से**를 선행하는 형용사는 사격을 취한다.

बड़े से बड़ा लड़का '가장 큰 소년'
बड़ी से बड़ी लड़की '가장 큰 소녀'
कम से कम ख़र्च '최소한의 지출'
ज़्यादा से ज़्यादा आय '최대한의 수입'

산스끄리뜨어에서 차용한 어휘인 따뜨삼(**तत्सम**) 형용사는 접사 **-तर**, **-तम**과 함께 비교급과 최상급의 형태를 취한다.

उच्च '높은', उच्चतर '더 높은', उच्चतम '가장 높은'
प्रिय '사랑스런', प्रियतर '더 사랑스런', प्रियतम '가장 사랑스런'

제한적으로 페르시아어 접사가 비교급과 최상급에 사용되기도 한다.

बेहतर '더 좋은', बेहतरीन '가장 좋은'
बदतर '더 나쁜', बदतरीन '가장 나쁜'
ज़्यादातर '대부분의', '대개', '보통'

연습문제

1. 보기를 참고하여 질문에 비교급구문으로 답하시오.

보기

☞ 〈मोहन〉 और छोटू दोनों में कौन समझदार है ?

क. मोहन दोनों में समझदार है ।

ख. मोहन छोटू से समझदार है ।

1) < मोहन> और मनोज दोनों में कौन बड़ा है ?

क. ______

ख. ______

2) मोहन और < मनोज> दोनों में कौन गाड़ी तेज़ चलाता है ?

क. ______

ख. ______

3) तुम्हें < हिन्दी> और कोरियाई दोनों में क्या आसान लगती है ?

क. ______

ख. ______

4) आपको पिछले साल और < इस साल> दोनों में कब गरमी लगती है ?

क. ______

ख. ______

2. 보기를 참고하여 질문에 **अधिक**, **ज़्यादा** 등을 동반한 비교급구문으로 답하시오.

보기

☞ क्या छोटू मोहन से कम मज़बूत है ?
जी नहीं, छोटू मोहन से अधिक मज़बूत है ।

1) **क्या मैं फूल से कम सुंदर हूँ ?**

जी नहीं, तुम ________________

2) **क्या रमेश मनोज से कम खाता है ?**

जी नहीं, रमेश ________________

3) **क्या केला सेब से कम मीठा होता है ?**

जी नहीं, केला ________________

4) **क्या सुशीला आशा से कम पतली है ?**

नहीं, सुशीला ________________

3. 보기를 참고하여 질문에 최상급구문으로 답하시오.

보기

☞ यहाँ और अच्छा कपड़ा है ?
क. यह कपड़ा सब से अच्छा है । ख. यह कपड़ा अच्छे से अच्छा है ।

1) **कक्षा में और भी बड़ी लड़की है ?**

क. यह लड़की ________________

ख. यह लड़की ________________

2) **और भी ठंडा पानी है ?**

क. यह पानी ________________

ख. यह पानी ________________

3) यहाँ और भी सस्ता टिकट है ?

क. यह टिकट ______________________________

ख. यह टिकट ______________________________

4) यहाँ और भी हल्की क़लम है ?

क. यह क़लम ______________________________

ख. यह क़लम ______________________________

어 휘

अपेक्षा (여) 비교
की अपेक्षा 비교하여
उच्च (형) 높은, 뛰어난
ख़र्च (남) 지출, 소비
छोटू (남) 초뚜 (이름), 어린애
बनिस्बत (후) 비교
की बनिस्बत 비교하여
सस्ता (형) 값이 싼
होशियार (형) 현명한

आय (여) 수입, 소득
इमारत (여) 건물
कोरियाई (형) 한국의 (여) 한국어 (남) 한국인
प्रिय (형) 사랑스런
मज़बूत (형) 힘센
समझदार (형) 똑똑한, 총명한
हल्का (형) 가벼운, 희미한

연습문제 해답

1 1) क. मोहन दोनों में बड़ा है ।

ख. मोहन मनोज से बड़ा है ।

2) क. मनोज दोनों में गाड़ी तेज़ चलाता है ।

ख. मनोज मोहन से गाड़ी तेज़ चलाता है ।

3) क. मुझे दोनों में हिन्दी आसान लगती है ।

ख. मुझे हिन्दी कोरियाई से आसान लगती है ।

4) क. मुझे दोनों में इस साल गरमी लगती है ।

ख. मुझे इस साल पिछले साल से गरमी लगती है ।

2 1) फूल से अधिक सुंदर हो । / फूल से ज़्यादा सुंदर हो ।

2) मनोज से अधिक खाता है । / मनोज से ज़्यादा खाता है ।

3) सेब से अधिक मीठा होता है । / सेब से ज़्यादा मीठा होता है ।

4) आशा से अधिक पतली है । / आशा से ज़्यादा पतली है ।

3 1) क. सब से बड़ी है । ख. बड़ी से बड़ी है ।

2) क. सब से ठंडा है । ख. ठंडे से ठंडा है ।

3) क. सब से सस्ता है । ख. सस्ते से सस्ता है ।

4) क. सब से हल्की है । ख. हल्की से हल्की है ।

제16장

미완료분사와 완료분사

힌디어에서 분사의 범수에는 미완료분사, 완료분사, **वाला**분사, **कर**분사 등이 있다. 완료분사와 미완료분사는 동사의 어간과 분사표지가 결합하여 만들어지는 형태로 형용사, 명사, 또는 부사의 기능을 한다. 미완료분사표지는 **–ता हुआ** 이며, 완료분사표지는 **–आ हुआ**이다.

1. 형용사적 용법

분사가 형용사적 용법을 갖는 경우 성, 수, 격에 따른 형태변화를 한다. 아래 표에 제시된 바처럼 **हुआ**는 생략이 가능하다.

미완료분사 (**चलता**, [어간 **चल** '가다' + 미완료표지 **–ता हुआ**])

		남성	여성
단수	직격	चलता (हुआ)	चलती (हुई)
	사격	चलते (हुए)	चलती (हुई)
복수	직격	चलते (हुए)	चलती (हुई)
	사격	चलते (हुए)	चलती (हुई)

⊕ 완료분사 (**चला**, [어간 **चल** '가다' + 완료표지 –**आ हुआ**])

		남성	여성
단수	직격	चला (हुआ)	चली (हुई)
	사격	चले (हुए)	चली (हुई)
복수	직격	चले (हुए)	चली (हुई)
	사격	चले (हुए)	चली (हुई)

형용사적 용법은 분사가 명사를 수식하는 위치에 따라 관형적 용법과 서술적 용법으로 구분된다.

가. 관형적 용법

चलती बस में चढ़ना ख़तरनाक है । '움직이는 버스에 타는 것은 위험하다.'
पड़ते फूल हवा में बहते हैं । '떨어지는 꽃들이 바람에 흐른다.'
ज़मीन पर लेटे हुए कुत्ते को देखो । '땅에 누워 있는 개를 보아라.'
खिले हुए फूल चाँदनी में चमकते हैं । '피어난 꽃들이 달빛에 반짝인다.'

분사절의 주어는 소유격 후치사로 표현한다. 소유격 후치사 **का**는 분사와 마찬가지로 머리명사의 성, 수, 격에 따른 형태변화를 한다.

माँ की कही बात याद रखो । '엄마가 말한 것을 기억해라.'
धोबी के धोए कपड़े कहाँ रखे हैं ? '세탁부가 세탁한 옷이 어디에 놓여 있는가?'
राम के चलते समय हवा बंद हो गई । '람이 갈 때 바람이 잦아들었다.'

분사절의 주어가 사물이거나 의지가 없는 행위자일 경우 소유격 후치사는 쓰이지 않는다.

हवा चलते समय राम आया । '바람이 불 때 람이 왔다.'
बारिश होते समय बच्चे मैदान में खेल रहे थे ।
'비가 올 때 아이들은 운동장에서 놀고 있었다.'

여격주어구문이나 수동분사구문의 의미상 주어는 분사절의 주어로 쓰일 때에도 변함없이 본래의 여격 후치사 **को** 또는 수동문의 행위자를 나타내는 후치사 **से**, **(के) द्वारा** 등과 함께 나타난다.

राम को चिट्ठी मिली । '람이 편지를 받았다.'
राम को मिली चिट्ठी । '람이 받은 편지'
मोहन द्वारा किताब लिखी गई । '모한에 의해 책이 쓰여졌다.'
मोहन द्वारा लिखी गई किताब । '모한에 의해 쓰여진 책'

일반적으로 미완료분사는 의미상의 주어만을, 완료분사는 의미상의 목적어만을 수식한다. 아래 예문 중에서 두 번째와 네 번째 예문은 우리말에서는 자연스러우나 힌디어에서는 사용되지 않는 비문이다.

मोहन का बनाया हुआ मकान । '모한이 만든 집'
*मोहन का बनाता हुआ मकान । '모한이 만드는 집'
मकान बनाता हुआ मोहन । '집을 만드는 모한'
*मकान बनाया हुआ मोहन । '집을 만든 모한'

나. 서술적 용법

주격보어로 쓰이는 분사는 주어에 일치한다.

यह काग़ज़ फटा हुआ है । '이 종이는 뜯어져 있다.'
मेरी उर्दू टूटी-फूटी है । '나의 우르두어는 엉터리다.'
(हमें) तुम थकी हुई लगी हो । '(우리한테는) 네가 피곤해 보인다.'

분사가 목적격보어로 쓰일 경우는 직격의 목적어에 일치한다. 목적어가 사격인 경우에는 분사가 목적어와 일치하지 않고 부사형태(–**ते हुए**, –**ए हुए**)를 취하는 것이 일반적이다.

चौकीदार ने दरवाज़ा खुला हुआ पाया ।
'경비가 문이 열려 있는 것을 발견했다.'
चौकीदार ने खिड़की खुली हुई पाई ।
'경비가 창문이 열려 있는 것을 발견했다.'
हमने एक बिल्ली को रास्ता काटते हुए देखा ।
'우리는 고양이가 길을 건너는 것을 보았다.'
कमला ने राधा को गाते हुए सुना ।
'까믈라는 라다가 노래하는 것을 들었다.'

2. 명사적 용법

분사가 명사로 쓰일 때, 남성의 경우에는 -**आ**로 끝나는 명사처럼, 여성의 경우에는 -**ई**로 끝나는 명사처럼 변화한다.

미완료분사 **चलता**의 예

수	격	남성	여성
단수	직격	चलता	चलती
	사격	चलते	चलती
복수	직격	चलते	चलतियाँ
	사격	चलतों	चलतियों

미완료분사 **चलता हुआ**의 예

수	격	남성	여성
단수	직격	चलता हुआ	चलती हुई
	사격	चलते हुए	चलती हुई
복수	직격	चलते हुए	चलती हुइयाँ
	사격	चलते हुओं	चलती हुइयों

मरे हुओं को देखकर दुःख हुआ । '죽은 자들을 보고 슬퍼졌다.'
यह पढ़े-लिखों की बात है । '이것은 배운 자들의 일이다.'
गिरों को उठाओ । '쓰러진 자들을 일으켜라.'

3. 부사적 용법

부사적 용법의 분사는 부사 형태인 –ए (हुए), –ते (हुए)의 형태로 나타난다.

ज़ाकिर गाते हुए जा रहा है । '자끼르는 노래하며 가고 있다.'
राधा थैला लिए जा रही है । '라다는 가방을 들고 가고 있다.'
मुनीर कुरसी पर बैठे हुए काम कर रहा है । '무니르는 의자에 앉아 일하고 있다.'

부사적 용법의 분사는 서술적 형식을 취해 직격의 주어에 일치하기도 한다. 주어가 사격인 경우에는 항상 부사적 형태를 취한다.

बच्चा दौड़ता हुआ आ रहा है । '아이가 달려서 오고 있다.'
मेरी बहन गाती हुई नहा रही है । '내 자매가 노래하며 목욕하고 있다.'
मेरी बहन ने गाते हुए नहाया । '내 자매가 노래하며 목욕하였다.'

시간의 표현

–ते वक़्त / समय '~ㄹ 때'

उसके आते वक़्त हम घर में नहीं होंगे । '그가 올 때 우리는 집에 없을 것이다.'

–ते ही '~하자마자'

मैं दिल्ली पहुँचते ही फ़ोन करूँगा । '내가 델리에 도착하자마자 전화하겠다.'

반복/첩어

동작의 반복 지속

मैं काम करते-करते थक गई हूँ । '나는 일하고 하다가 지쳐 버렸다.'
☞ मैं काम करती-करती थक गई हूँ । '나는 일하고 하다가 지쳐 버렸다.'

거의 할 뻔하다

वह मरते मरते बच गई । '그녀는 거의 죽을 뻔했다.'

시간의 경과

मुझे हिंदी पढ़े हुए दो साल हुए । '내가 힌디어를 배운지 이 년 되었다.'
मुझे हिंदी पढ़ते हुए दो साल हुए । '내가 힌디어를 배우기 시작한 지 이 년이 되었다.'

연습문제

1. 보기를 참고하여 주어진 두 문장을 하나의 문장으로 만드시오.

보기

☞ ① बस चलती है ।
② उस बस में चढ़ना ख़तरनाक है ।
चलती (हुई) बस में चढ़ना ख़तरनाक है ।

1) ① विद्यार्थी निश्चित समय से देर से आए ।
② वे विद्यार्थी परीक्षा में नहीं बैठ सके ।

2) ① सुशीला को किताब मिली ।
② चाचाजी ने उस किताब को मुझे भी पढ़ने दिया ।

3) ① कारीगर तबला बनाता है ।
② उस कारीगर की तस्वीर दीवार पर लगी हुई है ।

4) ① माँ ने खाना पकाया है ।
② मुझे वह खाना पसंद है ।

보기

☞ ① मोहन द्वारा किताब लिखी गई है ।
② आजकल वह किताब लोकप्रिय है ।
आजकल मोहन द्वारा लिखी गई किताब लोकप्रिय है ।

5) ① कारीगर से तबला बनाया गया ।
② वह तबला ज़ाकीर के पास है ।

6) ① माँ से रोटी तैयार की गई है ।
② मुझे वह रोटी पसंद है ।

보기

☞ ① लड़की रेडियो पर गाना सुनती है ।
② लड़की पत्र लिखती है ।
लड़की रेडियो पर गाना सुनते हुए पत्र लिखती है ।

7) ① बच्चा कुरसी पर बैठा हुआ है ।
② बच्चा दूध पीता है ।

8) ① नानीजी मुसकराती थीं।
② नानीजी ने कहानी सुनाई थी।

보기

☞ ① खिड़की खुली है ।
② कमला ने खिड़की देखी ।
कमला ने खिड़की खुली हुई देखी ।

9) ① काग़ज़ फटे हुए हैं ।
② रमेश ने काग़ज़ देखे हैं ।

10) ① बहन अख़बार पढ़ती है ।
② मैंने उसे देखा ।

보기

☞ ① वे रोते हैं ।
② दादीजी उन्हें भी हँसा देती हैं ।
दादीजी रोतों को भी हँसा देती हैं ।

11) ① वे गिरे हुए हैं ।
② उनको उठाओ ।

12) ① वे कम पढ़े हुए हैं ।
② उन्हें भी नौकरी मिलनी चाहिए ।

2. 주어진 문장을 보기를 참고하여 바꾸시오.

보기

☞ मैं दिल्ली पहुँचने के तुरंत बाद फ़ोन करूँगा ।
मैं दिल्ली पहुँचते ही फ़ोन करूँगा ।

1) माताजी के खाने पर बुलाने के तुरंत बाद बच्चे घर लौटने लगे ।

2) बारिश बंद होने के तुरंत बाद लोग बाहर निकलने लगे।

보기

☞ जब तुम रास्ता पार करते हो, तब सावधान रहना ।
रास्ता पार करते समय सावधान रहना ।

3) जब सुशीला गाना गाती है, तब मोहन तबला बजाता है ।

4) जब गरम हवा चलती है, तब वह पेड़ लोगों को छाया देता है ।

어휘

कागज़ (남) 종이
कारीगर (남) 장인, 숙련공
चढ़ना (자동) 오르다, 타다
चौकीदार (남) 경비, 수위
ज़ाकिर (남) 자끼르 (남성이름)
तस्वीर (여) 사진, 그림
थकना (자동) 지치다
धोना (타동) 세탁하다
निश्चित (형) 정해진
फटना (자동) 터지다
बहना (자동) 흐르다
मुसकराना (자동) 미소 짓다
वक़्त (남) 시간
सावधान (형) 주의하는
काटना (타동) 자르다
ख़तरनाक (형) 위험한
चाँदनी (여) 달빛
ज़मीन (여) 땅
टूटना (자동) 깨지다
तुरंत (부) 곧바로
थैला (남) 가방
धोबी (남) 세탁부
नौकरी (여) 일, 직업
फूटना (자동) 터지다
बिल्ली (여) 고양이
लोकप्रिय (형) 인기 있는
समय (남) 시간

연습문제 해답

1 1) निश्चित समय से देर से आए (हुए) विद्यार्थी परीक्षा में नहीं बैठ सके ।

2) चाचाजी ने सुशीला को मिली (हुई) किताब को मुझे भी पढ़ने दिया ।

3) तबला बनाते (हुए) कारीगर की तस्वीर दीवार पर लगी हुई है ।

4) मुझे माँ का पकाया (हुआ) खाना पसंद है ।

5) कारीगर से बनाया गया तबला ज़ाकीर के पास है ।

6) मुझे माँ से तैयार की गई रोटी पसंद है ।

7) बच्चा कुरसी पर बैठे हुए दूध पिता है ।

8) नानीजी ने मुसकराते हुए कहानी सुनाई थी ।

9) रमेश ने काग़ज़ फटे हुए देखे हैं ।

10) मैंने बहन को अख़बार पढ़ते हुए देखा ।

11) गिरों को उठाओ । / गिरे हुओं को उठाओ ।

12) कम पढ़ों को भी नौकरी मिलनी चाहिए । /
कम पढ़े हुओं को भी नौकरी मिलनी चाहिए ।

2 1) माताजी के खाने पर बुलाते ही बच्चे घर लौटने लगे ।

2) बारिश बंद होते ही लोग बाहर निकलने लगे ।

3) सुशीला के गाना गाते समय मोहन तबला बजाता है ।

4) गरम हवा चलते समय वह पेड़ लोगों को छाया देता है ।

제17장

파생동사

기본동사인 자동사 또는 타동사에서 피동사와 사동사가 파생된다. 모든 기본동사가 피동사를 갖는 것은 아니다. 타동사의 일부만이 피동사를 갖는다. 피동사가 없는 타동사는 수동분사구의 형식을 통해 피동을 표현한다.

일반적으로 피동사는 기본동사에서 어간의 단모음화를 통해 파생되며 사동사는 어간의 단모음화와 사동접사의 첨가를 통해 파생된다. 동사의 파생은 7가지 유형으로 구분된다.

	파생동사	기본동사		파생동사	
	피동사	자동사	타동사	직접사동사	간접사동사
유형1		गिरना		गिराना	गिरवाना
			करना	कराना	करवाना
유형2	दिखना		देखना	दिखाना	दिखवाना
			भेजना	भिजाना	भिजवाना
유형3		जागना		जगाना	जगवाना
유형4			सीखना	सिखाना	सिखवाना

	파생동사	기본동사		파생동사	
	피동사	자동사	타동사	직접사동사	간접사동사
유형5		रोना		रुलाना	रुलवाना
			पीना	पिलाना	पिलवाना
	धुलना		धोना	धुलाना	धुलवाना
유형6	टूटना		तोड़ना	तुड़ाना	तुड़वाना
유형7	बदलना		बदलना	बदलाना	बदलवाना

파생과정에서 발생하는 단모음화는 아래 표에 제시된 기본 장모음이나 구나 또는 브릿디가 기본 단모음으로 변화함을 의미한다. **आ**는 단모음화하면 **अ**가 된다. **ई**, **ए**, **ऐ**는 단모음화하면 **इ**가 된다. **ऊ**, **ओ**, **औ**는 단모음화하면 **उ**가 된다. 구나와 브릿디는 이론적으로 볼 때 두 모음의 조합으로서 장모음에 속한다. 가령 **ए**는 **अ**와 **इ** / **ई**의 조합으로 **ऐ**는 **अ**와 **ए**의 조합으로 얻어진 모음이다.

기본 단모음	기본 장모음	구나(**गुण**)	브릿디(**वृद्धि**)
अ	आ	अ, आ *	आ
इ	ई	ए	ऐ
उ	ऊ	ओ	औ

* 구나는 **अ**를 추가하여 기본 모음들을 증가시킨 것이며 브릿디는 이 과정을 한번 더 거친 것에 해당한다. **अ**와 **आ**는 구나를 취하지 않는다는 견해와 구나를 취한 후에도 변화하지 않는다는 견해가 있다.

- 〈유형1〉의 동사들은 피동사를 갖지 않는다. 기본동사인 자동사나 타동사에서 사동사를 파생할 때 기본동사의 어간이 변하지 않는다. 대부분의 경우 어간이 단모음으로 구성되어 있어 단모음화의 여지가 없다. 어간에 접사 **-आ**를 첨가하여 직접사동사를, 그리고 접사 **-वा**를 첨가하여 간접사동사를 파생한다. 이 유형에 속하는 자동사로는 **चढ़ना** '오르다', **चलना** '움직이다', **चमकना** '빛나다', **जलना** '타다', **टहलना** '산책하다', **ठहरना** '머무르다', **डरना** '두려워하다', **पकना** '익다', **बढ़ना** '나아가다', **लड़ना** '싸우다', **हँसना** '웃다', **हटना** '물러나다', **गिरना** '쓰러지다', **मिलना** '만나다', **उठना** '일어나다', **उड़ना** '날다', **चुकना** '끝나다' 등이 있다. 타동사로는 **करना** '하다', **रखना** '두다', **लिखना** '쓰다', **समझना** '이해하다' 등이 있다.
  그러나 **तैरना** '헤엄치다', **फैलना** '퍼지다', **दौड़ना** '달리다' 등의 동사들은 어간의 모음이 장음이지만 단음화되지 않는다. 한편 **बिखरना** '흩어지다'는 직접사동사로 **बिखराना** 대신에 **बिखेरना**를, 그리고 **उबलना** '끓다'와 **निकलना** '나오다'는 **उबलाना**와 **निकलाना** 대신에 **उबालना**와 **निकालना**가 자주 쓰인다.

सुशीला सात बजे उठती है । '수실라는 7시에 일어난다.'
माँ सुशीला को सात बजे उठाती है । '엄마는 수실라를 7시에 깨운다.' (직접사동)
माँ आया से सुशीला को सात बजे उठवाती है ।
'엄마는 하녀를 시켜 수실라를 7시에 일어나게 한다.' (간접사동)

직접사동은 사동주가 직접적으로 동사의 행위에 참여함을 표현하며 간접사동은 사동주가 피사동주를 시켜서 간접적으로 동사의 행위에 참여함을 표현한다. 간접사동문에서 피사동주는 후치사 **से**로 표현된다.

- 〈유형2〉에서 피동사는 기본동사인 타동사에서 어간의 단모음화로 파생된다. 사동사는 어간의 단모음화와 사동접사 첨가를 통해 파생된다. 이 유형에 속하는 동사들로는 **काटना** '자르다', **टालना** '미루다', **पालना** '기르다', **बनाना** '만들다', **बाँटना** '나누다', **बाँधना** '묶다', **लादना** '싣다', **जीतना** '이기다', **पीसना** '분쇄하다', **पीटना** '때리다', **लूटना** '약탈하다', **घेरना** '에워싸다', **देखना**

'보다', **खोलना** '열다', **जोतना** '(밭을) 갈다', **रोकना** '세우다' 등이 있다. **भेजना** '보내다'는 이 유형에 속하지만 피동사를 갖지 않는다.

दरवाज़ा खुल गया । '문이 열렸다.'
नौकर ने दरवाज़ा खोल दिया । '하인이 문을 열었다.'
दादाजी ने नौकर से दरवाज़ा खुला दिया । '할아버지가 하인을 시켜 문을 열었다.'
दादाजी ने नौकर से दरवाज़ा खुलवा दिया । '할아버지가 하인을 시켜 문을 열리게 했다.'
शाह जहान ने ताज महल बनवाया । '샤흐자한이 따즈마할을 지었다.'

위 세 번째와 네 번째 예문에서처럼 동사 의미에 따라서는 직접사동과 간접사동이 구별되지 않는 경우들이 있다. 다섯 번째 예문에서는 피사동주가 언급되어 있지 않지만 샤흐자한이 따즈마할을 직접 지은 것이 아니라 사람을 시켜 지었음을 간접사동사인 **बनवाया**를 통해 알 수 있다.

- 〈유형3〉의 동사들은 피동사를 갖지 않는다. 사동사는 기본동사인 자동사에서 어간의 단모음화와 사동접사의 첨가를 통해 파생된다. 이 유형에 속하는 동사들로는 **जागना** '깨다', **नाचना** '춤추다', **भागना** '도망가다', **बीतना** '(시간이) 지나다', **भीगना** '젖다', **घूमना** '돌아다니다', **डूबना** '(물에) 빠지다', **सूखना** '마르다', **लेटना** '눕다', **बैठना** '앉다' 등이 있다.
  बैठना의 사동사 **बिठाना**, **भीगना**의 사동사 **भिगाना**, 그리고 **डूबना**의 사동사 **डुबाना** 는 각각 **बैठाना**, **भिगोना**, 그리고 **डुबोना**의 형태로도 쓰인다.

कपड़े सूख गए । '옷이 말랐다.'
दादीजी ने कपड़े सुखाए । '할머니가 옷을 말렸다.'
दादीजी ने आया से कपड़े सुखवाए । '할머니가 하녀를 시켜 옷을 마르게 했다.'

- 〈유형4〉의 동사들은 동사파생이 의미확장과 관련된다는 점에서 다른 유형의 동사들과 구별된다. 〈유형2〉나 〈유형3〉에서처럼 사동사는 기본동사의 단모음화와 사동접사 첨가를 통해 파생된다.

기본동사	직접사동사	간접사동사
पढ़ना '읽다/공부하다'	पढ़ाना '가르치다'	पढ़वाना '읽게 하다'
सीखना '배우다'	सिखाना '가르치다'	सिखवाना '익히게 하다'
सुनना '듣다'	सुनाना '들려주다'	सुनवाना '듣게 하다'
बोलना '말하다'	बुलाना '부르다'	बुलवाना '말하게 하다/부르게 하다'

मोहन उर्दू बोलता है । '모한은 우르두어를 말한다.'
मोहन ने राम को बुलाया । '모한은 람을 불렀다.'
टीचर ने राम को बुलवाया । '선생님은 람을 부르러 (사람을) 보냈다.'

❺ 〈유형5〉의 동사들은 기본동사의 어간이 단음절로 이루어진 경우로서 어간의 장모음을 [단모음+ल]로 대체하여 피동사를 파생하거나 대체한 후 사동접사를 첨가하여 사동사를 파생한다. 이 유형에 속하는 자동사로는 **जीना** '살다', **रोना** '울다', **सोना** '잠자다' 등이 있으며 타동사로는 **खाना** '먹다', **पीना** '마시다', **सीना** '바느질하다', **छूना** '건들다', **देना** '주다', **धोना** '씻다' 등이 있다. 타동사 중에서 **सीना**와 **धोना**는 피동사 **सिलना**와 **धुलना**를 갖는다. 예외적으로 **खाना**는 사동사로 **खिलाना**, **खिलवाना**를 가지며 **नहाना**는 어간이 단음절이 아니지만 사동사로 **नहलाना**, **नहलवाना**를 갖는다.

बच्चा सो रहा है । '아이가 잠자고 있다.'
माँ बच्चे को सुला रही है । '엄마가 아이를 재우고 있다.'
माँ आया से बच्चे को सुलवा रही है । '엄마가 하녀를 시켜 아이를 재우고 있다.'

〈유형6〉의 동사들은 기본동사의 어간이 모음뿐만이 아니라 자음도 변화하는 불규칙한 파생과정을 갖는다. 이 동사들은 사용빈도가 높다.

피동사	기본동사(타동사)	직접사동사	간접사동사
फूटना	फोड़ना '터트리다'		फुड़वाना
छूटना	छोड़ना '버리다'	छुड़ाना	छुड़वाना
टूटना	तोड़ना '부수다'	तुड़ाना	तुड़वाना
फटना	फाड़ना '찢다'	फड़ाना	फड़वाना
जुटना	जोड़ना '연결하다'	जुड़ाना	जुड़वाना
बिकना	बेचना '팔다'	बिकाना	बिकवाना

किताब बिक गई । '책이 팔렸다.'
गोपाल ने किताब बेच दी । '고빨은 책을 팔았다.'
गोपाल ने कर्मचारी से किताब बिकवाई । '고빨은 종업원을 시켜 책을 팔았다.'

〈유형7〉에 속하는 동사들인 **बदलना** '변하다', **भरना** '채우다', **भूलना** '잊다'는 기본동사인 타동사와 파생동사인 피동사가 동일한 형태를 갖는다. 사동사는 단모음화와 접사를 통해 파생되는 일반 규칙을 따른다.

पिछले साल की बात भूल गई । '지난해의 일은 잊혀졌다.'
मैं किताब लाना भूल गया । '나는 책 가져오는 것을 잊었다.'
उसने मुझे भुला दिया है । '그는 나를 기억에서 지워 버렸다.'
मैंने नौकर से बालटी में पानी भरवा लिया । '나는 하인을 시켜 양동이에 물을 채웠다.'

연습문제

1. 보기를 참고하여 문장을 바꾸시오.

보기

☞ माताजी पानी उबाल रही हैं ।
पानी उबल रहा है ।

1) पिताजी बेटी को हँसा रहे हैं ।

2) रिक्शे वाला रिक्शा रोक रहा है ।

3) धोबी कपड़े पानी में भिगोता है ।

4) वह पिछले साल का रिकॉर्ड तोड़ रहा है ।

5) आशा बालटी में पानी भर रही है ।

2. 보기를 참고하여 문장을 바꾸시오.

보기

☞ मोहन नौकर से साइकिल ठीक कराता है ।
नौकर साइकिल ठीक करता है ।

1) दुकानदार आशा को कपड़े दिखाता है ।

2) टीचर बच्चों को हिन्दी सिखाता है ।

3) माँ बच्चे को दूध पिलाती है ।

4) पिताजी बेटे को पढ़ाते हैं ।

5) मैं आशा को कहानी सुनाता हूँ ।

3. 보기를 참고하여 문장을 바꾸시오.

보기

☞ नौकर मोमबत्ती जलाता है ।
मोहन नौकर से मोमबत्ती जलवाता है ।

1) मैं फ़ाइलें मेज़ पर रखता हूँ ।
मोहन

2) कर्मचारी पत्र भेजता है ।
आशा

3) आया बच्चे को लिटाती है ।
माँ

4) दर्ज़ी कपड़े सीता है ।
सुशीला

5) पुलिस लोगों को छुड़ाती है ।
पिताजी

4. 문장의 빈칸에 적당한 동사 형태를 넣으시오.

1) क: पेड़ यहाँ ________ गया ।
क्या तुमने पेड़ ________ दिया?
ख: नहीं, मैंने बढ़ई से पेड़ ________ ।
(गिरना, गिराना, गिरवाना)

2) क: चाय ठीक ________ गई ।
क्या तुमने चाय ________ दी?
ख: नहीं, मैंने आया से चाय ________ ।
(बनना, बनाना, बनवाना)

3) क: यहाँ पौधे ________ गए ।
क्या तुमने पौधे ________ दिए?
ख: नहीं, मैंने माली से पौधे ________ ।
(लगना, लगाना, लगवाना)

4) क: कपड़े ठीक से ________ गए ।
क्या तुमने कपड़े ________ दिए?
ख: नहीं, मैंने धोबी से कपड़े ________ ।
(धुलना, धोना, धुलवाना)

5) क: चिट्ठी ________ गई ।
क्या तुमने चिट्ठी ________ दी?
ख: नहीं, मैंने बहन से चिट्ठी ________ ।
(फटना, फाड़ना, फड़वाना)

어휘

आया (여) 하녀
कहानी (여) 이야기
ताज महल (남) 따즈마할
फ़ाइल (여) 파일
बालटी (여) 양동이
माली (남) 정원사
रिकॉर्ड (남) 기록
शाह जहान (남) 샤흐자한 (남자이름)
कर्मचारी (남) 종업원, 직원
टीचर (남) 선생
दर्ज़ी (남) 재봉사
बढ़ई (남) 목수
महल (남) 궁, 궁전
मोमबत्ती (여) 초
रिक्शा (남) 릭샤
सरकार (여) 정부

연습문제 해답

1 1) बेटी हँस रही है ।

2) रिक्शा रुक रहा है ।

3) कपड़े पानी में भीगते हैं ।

4) पिछले साल का रिकॉर्ड टूट रहा है ।

5) बालटी में पानी भर रहा है ।

2 1) आशा कपड़े देखती है ।

2) बच्चे हिन्दी सीखते हैं ।

3) बच्चा दूध पीता है ।

4) बेटा पढ़ता है ।

5) आशा कहानी सुनती है ।

3 1) मुझसे फ़ाइलें मेज़ पर रखवाता है ।

2) कर्मचारी से पत्न भिजवाती है ।

3) आया से बच्चे को लिटवाती है ।

4) दर्ज़ी से कपड़े सिलवाती है ।

5) पुलिस से लोगों को छुड़वाते हैं ।

4 1) गिर, गिरा, गिरवाया

2) बन, बना, बनवाई

3) लग, लगा, लगवाए

4) धुल, धो, धुलवाए

5) फट, फाड़, फड़वाई

제18장

수동태

수동의 의미는 피동사구문과 수동분사구문에 의해 표현된다. 피동사는 파생을 통해 얻어지는 반면 수동분사구문은 [완료분사+**जाना**]의 구성을 갖는다. 수동분사구문은 모든 타동사들이 취할 수 있는 형식인 반면 피동사는 그 대상이 어휘적으로 제한되어 있다.

기본동사	피동사	수동분사구
खोलना '열다'	खुलना '열리다'	खोला जाना '열려지다'
खाना '먹다'	'먹히다'	खाया जाना '먹혀지다'

피동사구문은 행위자의 의지를 전제하지 않는 반면 수동분사구문은 행위자의 의지를 전제한다.

피동사구문

दरवाज़ा खुला । '문이 열렸다.'
हवा से दरवाज़ा खुला । '바람에 문이 열렸다.'
दरवाज़ा अपने आप खुला । '문이 스스로 열렸다.'

수동분사구문

दरवाज़ा खोला गया । '문이 열려졌다.'
राम से दरवाज़ा खोला गया । '람에 의해 문이 열려졌다.'
राम से जान-बूझकर दरवाज़ा खोला गया । '람에 의해 의도적으로 문이 열려졌다.'

위에서 피동사구문은 바람 등과 같은 자연의 힘에 의해 또는 자연발생적으로 문이 열린 경우를 표현하며 반면에 수동분사구문은 누군가의 의지에 의해 문이 열린 경우를 표현한다. 한편 피동사를 갖지 않는 **खाना** '먹다'와 같은 동사의 경우에는 수동분사구가 피동사의 의미도 표현한다.

कोरिया में चावल ज़्यादा खाया जाता है । '한국에서 쌀이 많이 먹힌다.'

수동분사구를 구성하는 완료분사와 조동사 **जाना**는 일치에 따른 변화를 함께 한다.

दरवाज़ा खोला गया । '문이 열려졌다.'
दरवाज़े खोले गए । '문들이 열려졌다.'
खिड़की खोली गई । '창문이 열려졌다.'
खिड़कियाँ खोली गईं । '창문들이 열려졌다.'

수동문의 행위자는 후치사 **से**, **(के) द्वारा** 등에 의해 표현된다.

राकेश से कविता लिखी गई । '라께시에 의해 시가 쓰여졌다.'
आया से चाय लाई जाएगी । '하녀에 의해 차가 가져와질 것이다.'
पत्र नौकर द्वारा भेजा गया । '편지가 하인에 의해 발송되었다.'

후치사 (**के**) **द्वारा**는 특별히 공식적인 표현에 더 어울린다.

सरकार द्वारा यह अभियान चलाया जा रहा है ।
'정부에 의해 이 캠페인이 실시되고 있는 중이다.'
हमारी संस्था द्वारा यह किताब प्रकाशित की गई ।
'우리 연구소에 의해 이 책이 발간되었다.'

द्वारा는 후치사 **से**가 도구격으로 쓰이는 것처럼 도구의 문맥에서도 자주 사용된다.

ख़बर रेडियो के द्वारा भेजी गई । '소식이 라디오에 의해 전달되었다.'
उदाहरण के द्वारा बात समझाई गई । '예를 통해 일이 설명되어졌다.'
रोग के द्वारा होने वाला कष्ट । '병에 의해 생기는 고통'

수동문에서의 일치는 **ने**구문의 경우와 동일한 패턴을 갖는다. 아래에서 술어는 의미상 목적어인 수동자에 일치하고 있다.

राकेश ने कविता लिखी । '라께시는 시를 썼다.'
राकेश से कविता लिखी गई । '라께시에 의해 시가 쓰여졌다.'

능동문에서 특정한 목적어에 후치사 **को**가 사용되는 것처럼 수동문에서 의미상 목적어인 수동자는 목적격 후치사 **को**를 동반하기도 한다. 행위자와 수동자가 모두 후치사와 함께 나타나는 경우 술어는 비인칭 형태를 취한다.

राकेश ने सीता को बुलाया । '라께시는 씨따를 불렀다.'
राकेश से सीता को बुलाया गया । '라께시에 의해 씨따가 호출되었다.'
राम ने पेड़ को आदमी कहा । '람이 나무를 사람이라고 말했다.'
राम से पेड़ को आदमी कहा गया । '람에 의해 나무가 사람이라고 말하여졌다.'

수동분사구는 의미조동사와도 자연스럽게 어울린다.

राम ने दरवाज़ा खोल दिया । '람이 문을 열어 주었다.'
राम से दरवाज़ा खोल दिया गया । '람에 의해 문이 열려졌다.'
राम ने पेड़ को आदमी समझ लिया । '람이 나무를 사람이라고 생각했다.'
राम से पेड़ को आदमी समझ लिया गया । '람에게 나무가 사람이라고 생각되어졌다.'

수동분사구는 자체로서 형용사의 기능도 한다. 아래에서 수동분사구는 뒤따르는 명사를 수식하며 동시에 피수식어의 성, 수, 격에 일치한다.

जयपुर में बनाया गया कपड़ा अच्छा है । '자이뿌르에서 만들어진 천이 좋다.'
राकेश से लिखी गई कविता बढ़िया है । '라께시에 의해 쓰여진 시가 훌륭하다.'

자동사도 수동분사구문의 형식에서 쓰이는 경우가 있다. 특별히 [행위자+**से**]와 부정어가 함께 쓰인 구문은 행위자의 무능력이나 무의지를 표현한다. 이를 무능력 구문이라고 부른다.

मुझसे सोया नहीं जाता । '내가 잠이 안 온다.'
मुझसे उठा नहीं जाता । '내가 일어날 수 없다.'

수동형식을 통한 무능력의 표현은 자동사뿐만 아니라 타동사의 경우에도 적용된다.

मुझसे आजकल खाया नहीं जाता । '내가 요즘 밥이 먹히지 않는다.'
उन लोगों से तो यह काम नहीं किया जाएगा । '그들은 이 일을 할 수 없을 것이다.'

후치사 **से**가 아닌 **द्वारा** 등의 다른 후치사와 부정어가 함께 쓰이는 수동구문은 무능력의 표현과 무관하다.

मेरे द्वारा दरवाज़ा खोला नहीं गया । '나에 의해 문이 열린 것이 아니다.'

उन लोगों के द्वारा यह काम नहीं किया गया । '그들에 의해 이 일이 행해진 것이 아니다.'

무능력의 표현은 수동분사구문뿐만 아니라 피동사구문에 의해서도 표현된다.

बच्चे से दरवाज़ा नहीं खुलता । '아이에 의해서는 문이 안 열린다.'
मुझसे डाट नहीं निकलती । '나에 의해서는 뚜껑이 열리지 않는다.'

수동분사구는 -**कर** 분사와 함께 쓰이지 않는다. 따라서 [타동사어간+**कर**]의 형식이 문맥에 따라서는 수동의 의미를 갖는다.

राकेश को अधर्मी बताकर समाज से निकाला गया ।
'라께시는 비교도로 선언되어 사회에서 추방되었다.'
राकेश को अधर्मी बताया गया और समाज से निकाला गया ।
'라께시는 비교도로 선언되었고 그리고 사회로부터 추방되었다.'

संसद द्वारा क़ानून बनाकर लागू किया गया ।
'국회에 의해 법률이 제정되어 적용되었다.'
संसद द्वारा क़ानून बनाया गया और लागू किया गया ।
'국회에 의해 법률이 제정되었고 그리고 적용되었다. '

연습문제

1. 보기를 참고하여 피동구문을 수동분사구문으로 바꾸시오.

보기

☞ गिलास टूट गया ।
मुझसे गिलास तोड़ा गया । (मैं)

1) खिड़की खुल गई है ।

______________________ (मैं)

2) कपड़े सूख गए ।

______________________ (मैं)

3) दरवाज़ा बंद हो गया ।

______________________ (मैं)

4) बालटी में पानी भर गया है।

______________________ (मैं)

2. 보기를 참고하여 능동태를 수동태로 바꾸시오.

보기

☞ राकेश खिड़की खोलता है । राकेश से खिड़की खोली जाती है ।

1) राकेश कविता लिख रहा है ।

____

2) राकेश ने पत्र भेजा था ।

____

3) राकेश यह बात समझाएगा ।

____

4) राकेश ने साइकिल ठीक की होगी ।

보기

☞ मैं तुम्हें फल देता हूँ । मुझसे तुम्हें फल दिया जाता है ।

5) मैं बच्चे को मिठाइयाँ खिला रहा हूँ ।

6) मैंने बच्चे को गाने सुनाए थे ।

7) मैं बच्चे को फ़िल्म दिखाऊँगा ।

8) मैंने बच्चे को दूध पिलाया ।

보기

☞ हम राम को बेटे जैसा समझते हैं । हमसे राम को बेटे जैसा समझा जाता है ।

9) हम राकेश को समझदार मान रहे हैं ।

10) हम सोने को पत्थर समझते हैं ।

11) हम हमेशा तुम्हें बेहतरीन मानेंगे ।

12) हम ने उसे आदमी समझा होगा ।

3. 관계절을 수동분사구의 형용사적 용법을 활용하여 단문으로 바꾸시오.

보기

☞ उन्होंने जो बात कही, वह सच है । उनसे कही गई बात सच है ।

1) उन्होंने जो कहानियाँ सुनाई हैं, वे अच्छी हैं ।

2) उन्होंने जो कपड़े धोए हैं, वे साफ़ हैं ।

3) उन्होंने जो काम किया है, वह बढ़िया है ।

4) उन्होंने जो बच्ची सुलाई है, वह जाग गई ।

4. 조동사를 동반한 무능력구문을 수동분사구를 동반한 무능력구문으로 바꾸시오.

보기

☞ धूप में मैं नहीं दौड़ पाता । धूप में मुझसे नहीं दौड़ा जाता ।

1) सर्दी के कारण छोटी बहन बाहर नहीं बैठ पाती ।

2) पैर में चोट लगने के कारण बच्चा नहीं चल सकता ।

3) राकेश कल तक ये कहानियाँ नहीं पढ़ पाएगा ।

4) बुख़ार के कारण नौकर ज़्यादा काम नहीं कर सका ।

5. 수동태를 동반한 복문을 **–कर** 분사구를 활용하여 단문으로 바꾸시오.

보기

☞ संस्था से किताब प्रकाशित की गई और बाज़ार में बेची गई ।
संस्था से किताब प्रकाशित करके बाज़ार में बेची गई ।

1) **चोर पकड़ा गया और जेल में बंद किया गया ।**

2) **रेडियो ठीक किया गया और चलाया गया ।**

3) **बच्चों से पाठ पढ़ा जाएगा और याद किया जाएगा ।**

4) **क़ानून बनाया गया और लागू किया गया ।**

어 휘

अधर्मी (형) 비교도의
उदाहरण (남) 예제, 보기
क़ानून (남) 법률
चोर (남) 도둑
जेल (남) 감옥
धूप (여) 햇빛
पाठ (남) 단원, (교과서의) 과(課)
प्रकाशित (형) 출판의, 출간의
बंद (형) 닫힌, 막힌, 갖힌
  बन्द करना 그만두다, 가두다
लागू (형) 적용의
  लागू करना 적용하다
सर्दी (여) 추위

अपना (재귀사) 자신의, 자신
कष्ट (남) 고통
चावल (남) 쌀
जयपुर (남) 자이뿌르 (지명)
डाट (여) 마개, 뚜껑
पत्थर (남) 돌
पेड़ (남) 나무
याद (여) 기억
  याद करना 기억하다
रोग (남) 질병
संस्था (여) 기관, 연구소
समाज (남) 사회
सोना (남) 금

연습문제 해답

1 1) मुझसे खिड़की खोली गई है ।

2) मुझसे कपड़े सुखाए गए ।

3) मुझसे दरवाज़ा बंद किया गया ।

4) मुझसे बालटी में पानी भरा गया है ।

2 1) राकेश से कविता लिखी जा रही है ।

2) राकेश से पत्र भेजा गया था ।

3) राकेश से यह बात समझाई जाएगी ।

4) राकेश से साइकिल ठीक की गई होगी ।

5) मुझसे बच्चे को मिठाइयाँ खिलाई जा रही हैं ।

6) मुझसे बच्चे को गाने सुनाए गए थे ।

7) मुझसे बच्चे को फ़िल्म दिखाई जाएगी ।

8) मुझसे बच्चे को दूध पिलाया गया ।

9) हमसे राकेश को समझदार माना जा रहा है ।

10) हमसे सोने को पत्थर समझा जाता है ।

11) हमसे हमेशा तुम्हें बेहतरीन माना जाएगा ।

12) हमसे उसे आदमी समझा गया होगा ।

3 1) उनसे सुनाई गई कहानियाँ अच्छी हैं ।

2) उनसे धोए गए कपड़े साफ़ हैं ।

3) उनसे किया गया काम बढ़िया है ।

4) उनसे सुलाई गई बच्ची जाग गई ।

4 1) सर्दी के कारण छोटी बहन से बाहर नहीं बैठा जाता ।

2) पैर में चोट लगने के कारण बच्चे से नहीं चला जाता ।

3) राकेश से कल तक ये कहानियाँ नहीं पढ़ी जाएँगी ।

4) बुख़ार के कारण नौकर से ज़्यादा काम नहीं किए गए ।

연습문제 해답

5 1) चोर पकड़कर जेल में बन्द किया गया ।

2) रेडियो ठीक करके चलाया गया ।

3) बच्चों से पाठ पढ़कर याद किया जाएगा ।

4) क़ानून बनाकर लागू किया गया ।

제19장

의미조동사

힌디어의 조동사는 문법조동사와 의미조동사로 구분된다. 문법조동사는 시제, 상, 서법을 나타낸다. 반면에 의미조동사는 본동사의 의미에 일정한 의미를 부가하는 기능을 한다. 부가되는 의미는 의미조동사의 본래 의미와 직접 또는 간접적으로 연관된 것들로서 행위의 완성도, 행위의 귀결 방향, 이동행위의 방향, 급석, 과격, 부적절, 수혜, 보진 등을 표현한다. 자주 쓰이는 의미조동사로는 **जाना, लेना, देना, उठना, पड़ना, डालना, बैठना, रखना** 등이 있다.

의미조동사의 형식

의미조동사는 통상 본동사의 어간과 함께 복합동사구를 이룬다.

पनीर पिघल जाता है । '치즈가 녹아 버린다.'
राकेश ने कार ख़रीद ली । '라께시가 차를 샀다.'

행위사격 후치사 **ने**는 본동사와 의미조동사가 모두 타동사일 경우에만 쓰인다.

मैंने खाना खा लिया । '내가 음식을 (이미) 먹었다.'
मैं खाना खा गया । '내가 음식을 (이미) 먹었다.'

부정어는 의미조동사와 어울리지 않는 것이 일반적이다.

मैंने खाना नहीं खाया । '내가 음식을 안 먹었다.'
*मैं खाना नहीं खा गया ।
*मैंने खाना नहीं खा लिया ।

의미조동사의 용법

जाना '가다' 동사는 조동사로 쓰여 기본적으로 일이나 행위의 완성 또는 완결성을 부각시킨다. 이에 추가하여 본동사가 이동동사인 경우는 거리의 멀어짐을 나타내기도 한다.

वह एक घंटे में आ जाएगा । '그가 한 시간 안에 (충분히) 올 것이다.'
हमारा घर जल गया । '우리 집이 타 버렸다.'
चिड़ियाँ उड़ गईं । '새들이 날라가 버렸다.'
मैं वह बात भूल गया । '내가 그 일을 잊어 버렸다.'
राजू बाहर निकल गया । '라주가 밖으로 나갔다.'
☞ राजू बाहर निकल आया । '라주가 밖으로 나왔다.'

लेना '취하다'는 조동사로 쓰여 행위자가 자신을 위해 행동하거나 취득, 섭취 등과 같은 행위의 결과가 행위자 자신을 향함을 나타내며 동시에 행위의 완성 또는 완결성을 내포한다.

उसने दवा खा ली । '그가 약을 먹었다.'
मैं सो लिया । '내가 잠을 (이미) 잤다.'
मैंने खाना खा लिया है । '내가 밥을 (이미) 먹었다.'
राम ने ख़त पढ़ लिया । '람이 편지를 읽었다.'
☞ राम ने ख़त मेरे लिए पढ़ दिया । '람이 편지를 나한테 읽어 주었다.'

देना '주다'는 조동사로 쓰여 행위자의 행동이 자신이 아닌 타인을 위한 것이거나 타인을 향한 것임을 나타내며 동시에 행위의 완성을 내포한다.

राजू ने अपने मित्र के लिए काम कर दिया । '라주가 자기 친구를 위해 일을 해주었다.'
गोपाल ने मुझे नदी में डूबने से बचा दिया ।
'고빨이 나를 강에 빠지는 것에서 구해주었다.'
दुकानदार ने दूध बेच दिया । '가게주인이 우유를 팔았다.'
गोपाल ने मुझे पैसे दे दिए । '고빨이 나에게 돈을 주었다.'
माँ को देखकर बेटा हँस दिया । '엄마를 보고서 아들이 웃었다.'

उठना '일어나다' 동사는 조동사로 쓰여 일이 예상치 못한 것이거나 갑자기 일어난 것임을 나타낸다.

बच्ची रात को जाग उठी । '여자 아이가 밤에 (갑자기) 일어났다.
शेर देखकर मेरा दिल काँप उठा । '사자를 보고 내 심장이 (순간) 떨렸다.'
उसकी बात सुनकर अशोक घबरा उठा । '그의 얘기를 듣고 아쇼끄는 (순간) 두려워졌다.'

पड़ना '떨어지다' 동사는 조동사로 쓰여 일이나 행동의 갑작스러움 또는 확실성을 표현한다. 특히 여격주어구문에서는 **जानना** '알다', **सुनना** '듣다', **देखना** '보다' 등의 동사와 함께 쓰여 인식의 확실함을 나타낸다.

एक बच्चा चलती गाड़ी से गिर पड़ा । '한 아이가 움직이는 차에서 떨어져 버렸다.'
हमारे बॉस पर मुसीबत आ पड़ी है । '우리 보스에게 힘든 일이 닥쳐 버렸다.'
मज़ाक़ सुनकर हम हँस पड़े । '농담을 듣고서 우리는 웃음을 터뜨렸다.'
मुझे जल्दी उठना ज़रूरी जान पड़ा । '나는 일찍 일어나는 것이 필수임을 알았다.'
मुझे गाना अच्छी तरह सुन पड़ता है । '나는 노래가 살 들린다.'

डालना '던지다/넣다' 동사는 조동사로 쓰여 행위의 신속함, 과격함, 완전함 등을 나타낸다.

सिपाही ने राजा को पत्र लिख डाला । '병사가 왕에게 편지를 (단숨에) 썼다.'
राम ने रावण को मार डाला । '람이 라완을 살해했다.'
चोर ने ताला तोड़ डाला । '도둑이 자물쇠를 깨 버렸다.'
इस विषय पर मैंने निबंध पढ़ डाले । '이 주제에 대해 나는 논문들을 (완전히) 읽었다.'
चोर ने गुप्त बात को लोगों से कह डाला । '도둑이 비밀을 사람들에게 털어 놓았다.'

बैठना '앉다' 동사는 조동사로 쓰여 행위의 경솔함이나 바람직하지 못함을 나타낼 때 자주 쓰인다.

तुम क्या कर बैठे हो ? '너 뭐 하고 앉아 있는 거야?'
वह कुत्ते को देखकर उठ बैठा । '그가 개를 보고 (벌떡) 일어났다.'
गोपाल पैसे खो बैठा । '고빨이 돈을 잃어 버렸다.'
उसका बेटा हर किसी से लड़ बैठता है । '그의 아들이 아무하고나 싸운다.'
वह अपनी प्रेमिका को छोड़ बैठा । '그가 자기 애인을 버렸다.'

रखना '두다/놓다' 동사는 조동사로 쓰여 행동을 마치고 그 결과를 유지함을 나타낸다.

मैं इसके बारे में सोच रखूँगा । '내가 이것에 대해 생각해 두겠다.'
पुलिस ने मुझे हिरासत में बंद कर रखा । '경찰이 나를 유치장에 가두어 놓았다.'
मैंने नौकर से कमरा साफ़ करने को कह रखा है ।
'내가 하인에게 방 청소할 것을 말해 두었다.'
मैंने उस बात के बारे में सुन रखा है । '내가 그 일에 대해 들어 두었다.'
मैंने बॉस को ख़बर दे रखी है । '내가 보스에게 소식을 알려 놓았다.'

연습문제

1. 주어진 질문에 대하여 의미조동사 **जाना**를 활용하여 답하시오.

보기

☞ क्या वह घर जल चुका है ? हाँ, पूरी तरह से वह घर जल गया है ।

1) **क्या बालटी में पानी भर चुका है ?**

हाँ, पूरी तरह से ______

2) **क्या तुम समझे ?**

हाँ, मैं पूरी तरह से ______

보기

☞ क्या सारे काम हो चुके हैं ? अभी नहीं, किंतु तुरंत सारे काम हो जाएँगे ।

3) **क्या खाना तैयार हो चुका है ?**

अभी नहीं, किंतु तुरंत ______

4) **क्या वह आ चुका है ?**

अभी नहीं, किंतु तुरंत ______

2. 주어진 질문에 대하여 의미조동사 **लेना**를 활용하여 답하시오.

보기

☞ तुम भी अपने लिए यह लो । हाँ, मैं यह ले लूँगा ।

1) **तुम भी अपने लिए व्यायाम करो ।**

हाँ, मैं ______________________

2) **तुम भी अपने लिए नई क़मीज़ ख़रीदो ।**

हाँ, मैं ______________________

보기

☞ क्या आपने यह किताब पढ़ी ? हाँ, मैंने यह किताब पढ़ ली ।

3) **क्या आपने दवा ली ? हाँ,** ______________________ ।

4) **क्या आपने वह काम किया ? हाँ,** ______________________ ।

3. 주어진 문장에 대하여 의미조동사 **देना**를 활용하여 답하시오.

보기

☞ बाबू जी, ज़रा मेरे लिए यह ख़त पढ़िए ।
ठीक है, मैं तुम्हारे लिए यह ख़त पढ़ दूँगा ।

1) **बाबू जी, ज़रा मेरे लिए रास्ता बताइए ।**

ठीक है, मैं ______________________

2) **बाबू जी, ज़रा उससे यह बात कहिए ।**

ठीक है, मैं ______________________

보기

☞ राजू, कपड़े कहाँ हैं ? (रखना) मैंने अलमारी में कपड़े रख दिए हैं ।

3) राजू, वह किताब कहाँ हैं ? (लौटाना)

पुस्तकालय में ____________________

4) राजू, मिठाई कहाँ है ? (देना)

छोटी बहन को ____________________

4. 괄호 안에 주어진 어휘와 의미조동사를 활용하여 문장을 완성하시오.

1) बच्चा बीच में बोला । (अचानक, उठना)

____

2) मैं काँपा । (अचानक, उठना)

____

3) लड़का रोया । (ख़बर सुन कर, पड़ना)

____

4) लड़की हँसी । (मज़ाक़ सुनकर, पड़ना)

____

5) उसने एक पत्र लिखा । (तुरंत, डालना)

____

6) उसने ताला तोड़ा है । (पत्थर से, डालना)

____

7) तुम छोटू को भयभीत करते हो । (क्यों, बैठना)

____

8) लोग लड़ते हैं । (छोटी बातों पर, बैठना)

____

9) **मैंने निबंध के लिए एक विषय सोचा है । (पहले, रखना)**

____

10) **सिपाही ने उसे बाँधा है। (रस्सी से, रखना)**

____

어휘

अशोक (남) 아쇼끄 (남자이름)
कार (여) 자동차
ख़त (남) 편지
घंटा (남) 시간
चिड़िया (여) 새
जलना (자동) 타다, 연소하다
ताला (남) 자물쇠
दवा (여) 약
दुकानदार (남) 가게 주인
निबंध (남) 논문, 수필
पिघलना (자동) 녹다
पैसा (남) 돈
बचाना (타동) 남기다, 살리다
बॉस (남) 상사
मज़ाक़ (남) 농담
मित्र (남) 친구, 동무
रस्सी (여) 밧줄
रावण (남) 라완 (라마야나의 등장인물)
लौटाना (타동) 돌려주다, 반납하다
व्यायाम (남) 운동
हिरासत (여) 구금, 구치소
काँपना (자동) 두근두근하다, 떨다
किंतु (접) 그러나
गुप्त (형) 숨긴, 비밀의
घबराना (자동) 겁먹다, 두려워하다
(타동) 겁주다, 두렵게 하다
डूबना (자동) 빠지다, 가라앉다
तैयार (형) 준비의
तैयार करना 준비하다
नदी (여) 강
पनीर (남) 치즈
पुस्तकालय (남) 도서관
प्रेमिका (여) 애인
बाबू (남) 어르신
भयभीत (형) 겁먹은, 두려운
भयभीत करना 겁주다
मुसीबत (여) 힘든 일, 난국
राजू (남) 라주 (남자이름)
रास्ता (남) 길
विषय (남) 주제
सिपाही (남) 군인, 병사

연습문제 해답

1 1) बालटी में पानी भर गया है ।

2) समझ गया ।

3) खाना तैयार हो जाएगा ।

4) वह आ जाएगा ।

2 1) व्यायाम कर लूँगा । / व्यायाम कर लूँगी ।

2) नई क़मीज़ ख़रीद लूँगा । / नई क़मीज़ ख़रीद लूँगी ।

3) मैंने दवा ले ली ।

4) मैंने वह काम कर लिया ।

3 1) तुम्हारे लिए रास्ता बता दूँगा ।

2) उससे यह बात कह दूँगा ।

3) मैंने (पुस्तकालय में) वह किताब लौटा दी है ।

4) मैंने (छोटी बहन को) मिठाई दे दी है ।

4 1) बच्चा बीच में अचानक बोल उठा ।

2) मैं अचानक काँप उठा ।

3) लड़का ख़बर सुनकर रो पड़ा ।

4) लड़की मज़ाक़ सुनकर हँस पड़ी ।

5) उसने तुरंत एक पत्र लिख डाला ।

6) उसने पत्थर से ताला तोड़ डाला है ।

7) तुम छोटू को क्यों भयभीत कर बैठते हो ।

8) लोग छोटी बातों पर लड़ बैठते हैं ।

9) मैंने निबंध के लिए एक विषय पहले सोच रखा है ।

10) सिपाही ने उसे रस्सी से बाँध रखा है ।

제20장

관계사절

관계사는 두 문장을 한 문장으로 연결할 때 쓰이는 품사로서 관계절을 이끌며, 동시에 주절의 상관사와 연결된다. 관계사절은 대상을 명확히 서술하는 제한적 용법 또는 대상을 보충하여 설명하는 계속적 용법을 갖는다

관계사의 종류

종류(지시대상)	품사	관계사	상관사
사람, 사물	대명형용사*	जो	वह
시간	부사	जब	तब
장소	부사	जहाँ	वहाँ
방법	부사	जैसे	वैसे
양	대명형용사/부사	जितना	उतना
성질	형용사/부사	जैसा	वैसा

* 대명형용사 **जो**는 제13장 참조

시간을 나타내는 관계부사 **जब** '~때에'

관계부사 **जब**은 주절에서 이를 받는 상관부사 **तब** '그때에'와 연결된다.

जब पानी बरसता है, तब मौसम ठंडा हो जाता है । '비가 올 때 날씨가 추워진다.'
जब राकेश बोला, तब सब लोग हँस दिए । '라께시가 말했을 때 모두가 웃어 버렸다.'

तब은 때로 접속사 **तो**로 대체되기도 한다.

जब बिजली नहीं आई, तो हमने बिना काम किए आराम किया ।
'전기가 들어오지 않았을 때 우리는 일하지 않고 쉬었다.'

जब은 **जिस समय** '저 시간에', **जिस वक़्त** '저 시간에' 등으로, **तब**은 **उस समय** '그 시간에', **उस वक़्त** '그 시간에' 등으로 대체되기도 한다.

जिस समय चोर आया, उस समय हम सो रहे थे । '도둑이 왔을 때 우리는 자고 있었다.'
जब चोर आया, उस समय हम सो रहे थे । '도둑이 왔을 때 우리는 자고 있었다.'
जिस दिन वह चला गया, उस दिन हवा तेज़ी से चल रही थी ।
'그가 떠난 날 바람이 세게 불고 있었다.'

시간을 나타내는 기타 표현

जब भी '~때마다', **तब भी** '그때마다'

जब भी मैं भारत जाता हूँ, तब भी मैं संजय से मिलता हूँ ।
'내가 인도에 갈 때마다 산자이와 만난다.'

जब से '~때부터', **तब से** '그때부터'

जब से मैंने सिगरेट छोड़ दिया, तब से बलग़म नहीं आया ।
'내가 담배를 끊은 이후로 그때부터 가래가 안 나왔다.'

जब तक '~때까지/동안에', **तब तक** '그때까지/동안에'

जब तक मैं बाज़ार से आया, तब तक मेरी बहन खेल रही थी ।
'내가 시장에서 돌아오는 동안 그때까지 내 누이는 놀고 있었다.'
जब तक मैं न बुलाऊँ, तब तक वह बैठी रहेगी ।
'내가 부르지 않는 한 그때까지는 그녀가 앉아 있을 것이다.'

ज्यों ही '~하자마자', **त्यों ही** '그러자마자'

ज्यों ही संगीता घर पहुँच आई, त्यों ही पानी बरसने लगा ।
'상기따가 집에 도착하자마자 비가 내리기 시작했다.'

जैसे ही '~하자마자', **वैसे ही** '그러자마자'

जैसे ही खाना तैयार हो गया, वैसे ही बच्चे खाने लगे ।
'음식이 준비되자마자 아이들이 먹기 시작했다.'

장소를 나타내는 관계부사 **जहाँ** '저곳에'

관계부사 **जहाँ**은 주절에서 이를 받는 상관부사 **वहाँ** '그곳에'와 연결된다.

जहाँ मैं रहता हूँ, वहाँ बंदर बहुत हैं । '내가 사는 그곳에 원숭이가 많다.'

जहाँ은 **जिस जगह** '저곳에', **जो जगह** '저곳' 등으로, **वहाँ**은 **उस जगह** '그곳에', **वह जगह** '그곳' 등으로 대체되기도 한다.

जिस जगह सोता है, उस जगह घास भी होगी । '샘이 있는 곳에 풀도 있을 것이다.'
जिस जगह मैं गया था, वह जगह अंगूर से प्रसिद्ध है । '내가 간 그곳은 포도로 유명하다.'

➕ 장소나 방향을 나타내는 기타 표현

जहाँ तक '저기까지', **वहाँ तक** '거기까지'

जहाँ तक चल सकें, वहाँ तक चलें । '갈 수 있는 곳까지 그곳까지 갑시다.'

जिधर '저리', **उधर** '그리'

जिधर से मैं आया हूँ, उधर से तुम भी आओ । '내가 온 방향으로 그쪽으로 너도 와라.'

जिस तरफ़ '저쪽으로', **उस तरफ़** '그쪽으로'

जिस तरफ़ हवा बहती है, उस तरफ़ पँखड़ियाँ उड़ जाती हैं ।
'바람이 불어가는 쪽으로 꽃잎들이 날아간다.'

➕ 방법을 나타내는 관계부사 **जैसे** '저렇게'

관계부사 **जैसे**는 주절에서 이를 받는 상관부사 **वैसे** '그렇게'와 연결된다.

जैसे अनीता रोटी बनाती है, वैसे मैं नहीं बना सकता ।
'아니따가 로띠를 만드는 것처럼 나는 그렇게 만들 수 없다.'

जैसे는 **जिस ढंग से** '저 방식으로', **जिस तरह से** '저렇게' 등으로, **वैसे**는 **उस ढंग से** '그 방식으로', **उस तरह से** '그렇게' 등으로 대체되기도 한다.

जिस ढंग से तुम बोलते हो, उस ढंग से तुम्हारी बेटी भी बोलती है ।
'네가 말하는 방식으로 너의 딸도 말한다.'
जिस तरह से मैं सोचता हूँ, उस तरह से वे लोग व्यवहार करते हैं ।
'내가 생각하는 방식으로 그들이 행동한다.'

➊ 양을 나타내는 관계대명형용사/부사 **जितना** '저만큼(의)'

जितना तुम चाहो, उतना ले जाओ ।
'네가 원하는 만큼 그만큼을 가져가라.' (대명사적 용법)
जितना काम तुम करते हो, उतना मैं नहीं कर पाता ।
'네가 일하는 만큼의 일을 나는 도저히 할 수 없다.' (형용사적 용법)
तुम जितने अमीर हो, सुजाता उतनी नहीं है ।
'네가 부자인 만큼 그만큼 수자따는 아니다.' (부사적 용법)

➋ 성질을 나타내는 관계형용사/부사 **जैसा** '저러한/저렇게'

관계사 **जैसा** 는 주절에서 이를 받는 상관사 **वैसा** '그러한/그렇게'와 연결된다.

जैसा बाप वैसा बेटा '부전자전' (형용사적 용법)
जैसा आप चाहें वैसा कीजिए । '당신이 원하는 대로 그대로 하세요.'(부사적 용법)

जैसा와 **वैसा**는 **जिस तरह का** '저러한', **उस तरह का** '그러한' 등으로 대체되기도 한다.

जिस तरह का स्वादिष्ट आम तुम खा रहे हो, उस तरह का कहीं भी नहीं मिल सकता ।
'네가 먹고 있는 맛있는 망고를 어디에서도 구하지 못한다.'

관계절의 위치

관계절이 주절을 선행하는 것이 일반적이나 역순으로 사용되는 경우도 자주 볼 수 있다. 후자의 경우 관계사의 수식을 받던 명사나 형용사는 주절에 나타난다.

जिस चित्रकार ने यह तस्वीर बनाई, उसको ले आओ ।
'이 그림을 그린 그 화가를 데려와라.'
उस चित्रकार को ले आओ, जिसने यह तस्वीर बनाई ।
'그 화가를 데려와라, 그는 이 그림을 그렸다.'
जितना काम तुम करते हो, उतना मैं नहीं कर पाता ।
'네가 일하는 만큼의 일을 나는 도저히 할 수 없다.'
उतना काम मैं नहीं कर पाता, जितना तुम करते हो ।
'그만큼의 일을 나는 도저히 할 수 없다. 그만큼을 너는 한다.'

관계절이 삽입절로 나타나기도 한다.

प्रदीप, जो भारत से है, यहाँ काम करता है ।
'쁘라딥, 그는 인도 출신으로서, 이곳에서 일한다.'
नरेंद्र मोदी, जो भारत के प्रधानमंत्री हैं, कोरिया में आए हैं ।
'나렌드라 모디, 그는 인도의 수상으로서, 한국에 왔다.'

관계사가 선행절의 전체 의미를 받기도 한다.

सुजाता दिन भर स्मार्टफ़ोन में ही लगी है, जो मुझे नापसंद है ।
'수자따가 종일 스마트폰에 빠져 있는데 그것이 나는 맘에 안 든다.'
अनीता परीक्षा में पास हो गई, जिस पर हमें गर्व है ।
'아니따가 시험에 통과했는데 그것이 우리에게 자랑이다.'

연습문제

1. 문장을 주어진 관계사를 활용하여 관계사절로 바꾸시오.

보기

☞ मैंने सुजाता को रास्ता पार करते हुए देखा ।
जब मैंने सुजाता को देखा, तब वह रास्ता पार कर रही थी ।

1) सुजाता और अनीता एक ही समय दिल्ली पहुँचीं ।
जब ______________________

2) मेरा भाई रेडियो सुनता हुआ व्यायाम करता है ।
जब ______________________

3) गाड़ी चलाते समय स्मार्टफ़ोन का इस्तेमाल मत करो ।
जब (तुम) ______________________

4) बारिश होने के बाद मौसम ठंडा होने लगा ।
जब से ______________________

5) मेरे नाश्ता करने के दौरान आप तैयार हो जाइए ।
जब तक ______________________

6) फ़िल्म ख़तम होते ही लोग बाहर निकले ।
जैसे ही ______________________

7) मैं दिल्ली कई बार गया था, संजय ने हमेशा मेरा स्वागत किया था ।
जब भी ______________________

8) सुजाता और अनीता एक ही जगह पढ़ती हैं।
जहाँ ______________________

9) मेरे घर के पास कोई सिएटर नहीं है ।
जहाँ मेरा घर ______________________

10) दादाजी के बनवाए हुए मकान में हम अब रहते हैं ।
जो मकान ______________________

11) हम वृक्ष की छाया तक पैदल चलें ।

जहाँ ______________________________

12) ज़्यादा यात्रियों के अभी निकलने की तरफ़ हम भी चलते हैं ।

जिधर ______________________________

13) ट्राफ़िक जाम से बचकर गाड़ी चलाओ ।

जिस जगह ______________________________

14) अनीता के गाना गाने के समान सुजाता भी गाना गाती है ।

जैसे ______________________________

15) चित्रकार के तस्वीर बनाने के समान संजय तस्वीर बनाता है ।

जैसे ______________________________

16) उसी धोबी के कपड़े धोने की तरह कोई नहीं धो सकता ।

जिस तरह से ______________________________

17) तुम संजय के बराबर समझदार हो ।

संजय जितना ______________________________

18) मोहन अपने भाई से बड़ा है ।

मोहन जितना ______________________________

19) मैंने कल ज़्यादा खाया, किन्तु आज नहीं ।

मैंने कल जितना ______________________________

20) तुम आज भी कल की जैसी स्वादिष्ट चाय बना दो ।

तुमने जैसी स्वादिष्ट चाय ______________________________

21) मैं सुजाता की जैसी लाल साड़ी नहीं पहन सकती ।

सुजाता जैसी लाल साड़ी ______________________________

22) आपको पिताजी जैसा बहादुर बनना चाहिए ।

पिताजी जैसा बहादुर थे, ______________________________

어 휘

अंगूर (남) 포도
अमीर (형) 부유한 (남) 부자
आराम (남) 쉼, 평안
ओर (여) 방향, 쪽
घास (여) 풀, 잔디
जगह (여) 장소, 공간
ढंग (남) 방법
तरह (여) 종류, 방법
तेज़ी (여) 급속, 신속
दिन भर (부) 종일
प्रधान मंत्री (남) 수상, 총리
बरसना (자동) (비 등이) 내리다
बहादुर (형) 용맹한 (남) 용감한 사람
मौसम (남) 날씨
वक़्त (남) 시간
व्यायाम (남) 운동
समय (남) 시간
सिगरेट (남/여) 담배
सोता (남) 샘
स्मार्टफ़ोन (남) 스마트폰
अनीता (여) 아니따 (여자이름)
आम (남) 망고
इस्तेमाल (남) 사용
गर्व (남) 자랑, 자부심
चित्रकार (남) 화가
ट्राफ़िक जाम (여) 교통체증
तरफ़ (여) 방향, 쪽
तस्वीर (여) 그림, 사진
तैयार (형) 준비된
पँखड़ी (여) 꽃잎
प्रसिद्ध (형) 유명한
बलग़म (남) 가래
बिजली (여) 전기
यात्री (남) 여행객
व्यवहार (남) 행동
संगीता (여) 상기따 (여자이름)
सिएटर (여) 극장
सुजाता (여) 수자따 (여자이름)
स्थान (남) 장소, 공간
स्वादिष्ट (형) 맛있는

연습문제 해답

1) जब सुजाता दिल्ली पहुँची, तब अनीता दिल्ली पहुँची ।

2) जब मेरा भाई व्यायाम करता है, तब वह रोडियो सुनता है ।

3) जब (तुम) गाड़ी चलाते हो, तब स्मार्टफ़ोन का इस्तेमाल मत करो ।

4) जब से बारिश हुई, तब से मौसम ठंडा होने लगा ।

5) जब तक मैं नाश्ता करूँ, तब तक आप तैयार हो जाइए ।

6) जैसे ही फ़िल्म ख़तम हुई, वैसे ही लोग बाहर निकले ।

7) जब भी मैं दिल्ली गया था, तब भी संजय ने मेरा स्वागत किया था ।

8) जहाँ सुजाता पढ़ती है, वहाँ अनीता पढ़ती है ।

9) जहाँ मेरा घर है, वहाँ के पास कोई सिएटर नहीं है ।

10) जो मकान दादाजी ने बनवाया, उस में हम अब रहते हैं ।

11) जहाँ वृक्ष की छाया है, हम वहाँ तक पैदल चलें ।

12) जिधर ज़्यादा यात्री अभी निकलते हैं, उधर हम भी चलते हैं ।

13) जिस जगह ट्राफ़िक जाम है, उस जगह से बचकर गाड़ी चलाओ ।

14) जैसे अनीता गाना गाती है, वैसे सुजाता भी गाना गाती है ।

15) जैसे चित्रकार तस्वीर बनाता है, वैसे संजय तस्वीर बनाता है ।

16) जिस तरह से वही धोबी कपड़े धोता है, उस तरह से कोई नहीं धो सकता ।

17) संजय जितना समझदार है, तुम उतने समझदार हो ।

18) मोहन जितना बड़ा है, उसका भाई उतना बड़ा नहीं है ।

19) मैंने कल जितना ज़्यादा खाया, आज उतना नहीं खाया ।

20) तुमने जैसी स्वादिष्ट चाय कल बनाई थी, आज भी वैसी चाय बना दो ।

21) सुजाता जैसी लाल साड़ी पहनती है, मैं वैसी लाल साड़ी नहीं पहन सकती ।

22) पिताजी जैसा बहादुर थे, आपको वैसा बहादुर बनना चाहिए ।

제21장

후치사

후치사는 명사, 대명사, 부정사, 부사 등에 붙어 다른 단어나 구와의 문법적 관계를 표시하거나 앞 단어의 의미를 보조하는 품사로서 **ने**, **को**, **से**, **का**, **में**, **पर**, **तक** 등이 있다. 이 후치사들은 **में से**, **पर से**, **तक का** 등과 같이 다른 후치사와 결합하기도 하고 **के लिए**, **के बाद**, **के बारे में** 등과 같이 둘 이상의 단어로 구성된 복합후치사를 이루기도 한다. 주요 복합후치사는 부록에서 정리한다.

후치사 को

후치사 **को**는 명사 뒤에 쓰여 목적어, 간접목적어, 여격주어구문의 주어, 처소 등을 나타내며 부정사 뒤에 쓰여 목적이나 전망을 나타낸다.
목적어를 나타내는 경우는 주로 사람을 나타내는 명사에 쓰인다. 그외 동물이나 사물에는 쓰이지 않는 것이 일반적이다. 그러나 지시나 한정의 뜻을 나타내기 위해 동물이나 사물에 대해 **को**가 쓰이기도 한다.

मैं मोदी को पसंद करता हूँ । '내가 모디를 좋아한다.'
परसों मैंने एक गाय देखी । '그제 내가 소 한마리를 보았다.'
परसों मैंने उस गाय को देखा । '그제 내가 그 소를 보았다.'

여타동사의 간접목적어와 여격주어구문의 주어를 나타낸다.

दादाजी ने मुझे एक खिलौना दिया । '할아버지가 나에게 장난감을 주었다.'
मुझे कोई नहीं चाहिए । '나에게 아무것도 필요없다.'

한정된 날짜나 시간을 나타낸다.

दिन को '낮에' (दिन में '하루에')
रात को '밤에'
शाम को '저녁에'
दोपहर को '점심때에'
सोमवार को '월요일에' (इस हफ़्ते में '이번 주에')
तीन तारीख़ को '3일에'

방향을 나타낸다.

हमारे गुरु जी वन को चले गए । '우리 스승님이 숲으로 가셨다.'

사격의 부정사와 함께 쓰여 목적을 나타낸다.

मैं आप लोगों से मिलने को आया हूँ । '내가 당신들을 만나러 왔다.'
☞ मैं आप लोगों से मिलने के लिए आया हूँ । '내가 당신들을 만나러 왔다.'

사격의 부정사와 함께 서술적으로 쓰여 전망을 나타낸다.

बारिश होने को है । '비가 막 오려고 한다.'
मैं दफ़्तर जाने को हूँ । '내가 사무실에 막 가려고 한다.'

후치사 से

후치사 **से**는 도구격과 탈격 후치사로서 도구나 방법, 이탈이나 원인, 비교를 나타내며 **मिलना** 등과 같은 특정한 동사 행위의 상대, 대화의 상대, 수동문의 행위자, 사동문의 피사동주 등을 나타내는 데 쓰인다.

도구나 방법 등을 나타낸다.

सेब चाकू से काटो । '사과를 칼로 깎아라.'
इस ढंग से काम करो । '이 방법으로 일을 해라.'
मैं बस से आया हूँ । '내가 버스로 왔다.'

이탈이나 원인, 비교를 나타낸다.

पेड़ से पत्ते गिरते हैं । '나무에서 나뭇잎들이 떨어진다.'
सुधा कक्षा से निकल गई । '수다는 교실에서 나갔다.'
मेरा गाँव स्कूल से हटकर है । '내 마을은 학교에서 떨어져 있다.'
दादीजी बुख़ार से काँप रही हैं । '할머니가 열로 떨고 계시다.'
मैं तुमसे छोटा हूँ । '나는 너보다 작다.'

मिलना '만나다', **मुलाक़ात करना** '만나다', **बात करना** '이야기하다', **दोस्ती करना** '친구하다', **मुहब्बत करना** '사랑하다', **शादी करना** '결혼하다', **लड़ना** '싸우다', **व्यवहार करना** '대하다', **संबंध होना** '관련되다' 등의 동사 행위의 상대를 나타내는 데 쓰인다.

मैंने राम से बात की । '내가 람과 이야기했다.'
मैं राम से मिला । '내가 람과 만났다.'
मैंने राम से दोस्ती की । '내가 람과 친구했다.'
मैं सुनीता से मुहब्बत करता हूँ । '내가 수니따와 사랑한다.'

मैं सुनीता से शादी करना चाहता हूँ । '내가 수니따와 결혼하기를 원한다.'
मैं राम से लड़ा । '내가 람과 싸웠다.'
उसने बूढ़ों से अच्छा व्यवहार किया । '그가 노인들을 잘 대우했다.'
मेरा उस बात से कोई संबंध नहीं है । '나와 그 일과는 아무 관계가 없다.'

कहना '말하다', **बोलना** '말하다', **पूछना** '묻다', **माँगना** '요구하다', **प्रार्थना करना** '간청하다', **वादा करना** '약속하다' 등의 대화 상대를 나타내는데 쓰인다.

मैंने राम से कहा । '내가 람에게 말했다.'
मैं राम से बोला । '내가 람에게 말했다.'
मैंने राम से दो प्रश्न पूछे । '내가 람에게 두 가지 질문을 했다.'
मैंने राम से रोटी माँगी । '내가 람에게 빵을 구걸했다.'
मैंने राम से प्रार्थना की । '내가 람에게 간청했다.'
मैंने राम से वादा किया । '내가 람에게 약속했다.'

नफ़रत करना '싫어하다', **डरना** '두려워하다', **इनकार करना** '거부하다' 등의 동사 행위의 대상을 나타내는데 쓰인다.

मैं तुम्हारे बर्ताव से नफ़रत करता हूँ । '나는 너의 행실을 싫어한다.'
मेरी बहन भूत से डरती है । '내 누이가 귀신을 두려워한다.'
रमेश ने यहाँ आने से इनकार किया । '라메시가 이곳에 오는 것을 거부했다.'

수동문에서 행위자를, 사동문에서 피사동주를 나타내는 데 쓰인다.

कवि से कविता लिखी जाएगी । '시인에 의해 시가 쓰여질 것이다.'
माँ ने आया से बच्ची सुलवाई । '엄마가 하녀를 시켜 여자애를 재웠다.'

➕ 후치사 का

후치사 **का**는 소유격 후치사로서 다른 후치사와는 달리 수식을 받는 명사에 따라 변화한다: **मोहन का बेटा** '모한의 아들', **मोहन के बेटे** '모한의 아들들', **मोहन की बेटी** '모한의 딸'

명사나 대명사 이외에도 수사, 후치사, 부사, 부정사 등과 함께 수식어구를 이룬다.

दो-तीन का अंतर '둘과 셋의 차이'
छत पर की बिल्ली '지붕 위의 고양이'
यहाँ के लोग '이곳의 사람들'
पीने का पानी '마시는 물'

부정사와 함께 쓰여 용도를 나타낸다.

नहाने का पानी '목욕하는 물'
सोने का कमरा '잠자는 방'

부정사나 분사의 주어를 나타낸다.

उसका जाना मेरे जाने के समान है । '그가 가는 것은 내가 가는 것과 같다.'
पिकासो की बनाई हुई तस्वीरें महँगी हैं । '피카소가 그린 그림들은 비싸다.'

결합동사의 목적어를 나타낸다. 이 경우 후치사 **का**의 수식을 받는 명사는 문법상 목적어가 된다.

बढ़ई ने मेज़ की मरम्मत की । '목수가 테이블을 고쳤다.'
हम आपकी प्रतीक्षा कर रहे हैं । '우리가 당신을 기다리고 있습니다.'

후치사 **का**는 형용사와 결합하여 서술적 용법으로 사용되기도한다. **का आभारी/ कृतज्ञ/ अनुगृहीत** '은혜를 입은', **का शौक़ीन** '취미가 있는', **का आदी** '습관이 있는', **का इच्छुक** '바라는' 등에서 후치사 **का**는 주어에 일치한다. 단 **के क़ाबिल/ लायक़/ योग्य** '자격을 갖춘, 능력 있는'의 경우에는 항상 **के**의 형태를 유지한다.

मैं आपका आभारी हूँ । '내가 당신께 신세졌습니다.'
हम आपके आभारी हैं । '우리가 당신께 신세졌습니다.'
वह फुटबॉल खेलने का शौक़ीन है । '그는 축구를 하는 취미가 있다.'
सीता दिन में सोने की आदी है । '씨따는 낮에 자는 습관이 있다.'
मैं कवयित्री के लायक़ नहीं हूँ । '나는 여류시인의 자격이 없다.'
☞ मैं कवयित्री बनने लायक़ नहीं हूँ । '나는 여류시인이 될 자격이 없다.'

❸ 후치사 में

후치사 **में**는 처소격 후치사로서 기본적으로 **पर**에 비해 큰 범주의 처소를 나타낸다.

처소나 방향을 나타낼 때 '에', '에서', '안에', '안에로', '으로' 등의 의미를 갖는다.

बच्चे मैदान में खेल रहे हैं । '아이들이 운동장에서 놀고 있다.'
सुधा कक्षा में चली गई । '수다는 교실에 들어갔다.'
इसे दो भागों में बाँट दीजिए । '이것을 두 부분으로 나누어 주세요.'

하위 단위의 시간을 내포하는 년, 월, 주, 일 등을 나타낸다.

हम वर्ष में दो बार एक दूसरे से मिलते हैं । '우리가 일 년에 두 번 서로 만난다.'
पिछले महीने में हम समुद्री तट गए थे । '지난달에 우리가 해변에 갔었다'
अगले हफ़्ते में तुम क्या करोगे ? '다음주에 너는 무엇을 할 것인가?'

दिन में तीन बार खाना खाओ । '하루에 세 번 식사를 해라'

시간의 경과를 나타낸다

राम दो दिन में यहाँ आएगा । '람이 이틀 걸려 여기 올 것이다.'

행동이나 상태의 추상적 처소를 나타낸다.

रोगी अब होश में आ गया है । '환자가 지금 정신이 들었다.'
वह अभी पढ़ाई में लगा है । '그가 지금 공부에 열중해 있다.'

비교나 차이를 나타낸다.

जवान और बूढ़े में फ़र्क़ है । '젊은이와 노인에 차이가 있다.'
दोनों में कौन अच्छा है ? '둘 중에 어느 것이 좋은가?'
दस में से एक ख़राब है । '열 개 중에서 하나는 결점이 있다.'

한정을 나타낸다.

वह कपड़ा देखने में बढ़िया है । '그 천이 보기에 훌륭하다.'
मैंने तुमसे मज़ाक़ में कहा । '내가 너한테 농담으로 말했다.'

언어의 매체를 나타낸다.

मैं हिंदी में बोल सकता हूँ । '나는 힌디로 말할 수 있다.'

가격의 단위를 나타낸다.

मैंने यह अँगूठी दो हज़ार रुपये में ख़रीद ली । '내가 이 반지를 이천 루피에 샀다.'

교통수단을 나타낸다.

राम यहाँ रेल गाड़ी में आएगा । '람이 이곳에 기차를 타고 올 것이다.'

후치사 पर

후치사 **पर**는 처소격 후치사로서 작은 범주의 특정하거나 제한된 처소를 나타낸다.

특정한 시간이나 장소 그리고 방향과 관련하여 '위에', '에', '에로' 등의 의미를 갖는다.

मैं ठीक समय पर स्टेशन पहुँचा । '내가 제시간에 역에 도착했다.'
मेज़ पर मक्खियाँ हैं । '테이블 위에 파리들이 있다.'
सुधा मेरे निवास-स्थान पर आएगी । '수다가 내 거주지에 올 것이다.'

부정사와 함께 쓰여 앞선 시점을 나타낸다.

मेरे पहुँचने पर लोगों ने आवाज़ उठाई । '내가 도착했을 때 사람들이 외쳤다.'

교통, 통신 등의 수단을 나타낸다.

हम ताँगे पर आए हैं । '우리는 마차를 타고 왔다.'
मैंने टेलीफ़ोन पर बात की है । '나는 전화로 이야기 했다.'
मैंने रेडियो पर समाचार सुना । '나는 라디오로 뉴스를 들었다.'

타격, 의존, 근거, 감정, 논의 등의 대상을 나타낸다.

डाकुओं ने गाँव पर हमला किया । '강도들이 마을을 덮쳤다.'

यह आपकी इच्छा पर निरभर है । '이것은 당신의 의지에 달렸다.'
इसके आधार पर काम करो । '이것에 기초하여 일을 하라.'
मालिक मुझ पर नाराज़ है । '주인이 나한테 화나 있다.'
राधा ने सत्य पर विचार किया । '라다가 진리에 대해 생각했다.'
मुझे इतिहास पर एक किताब चाहिए । '나한테 역사에 대한 책이 필요하다.'

원인이나 목적을 나타낸다.

मैं तुम्हारी प्रार्थना पर आया हूँ । '내가 너의 간청에 왔다.'
हम यहाँ काम पर आए । '우리가 이곳에 일하러 왔다.'
मैं आपको चाय पर बुलाऊँगा । '내가 당신을 다과회에 초대하겠다.'

❸ 후치사 तक

후치사 **तक**는 처소격 후치사로서 기본적으로 시간이나 장소와 관련된 범위의 끝을 나타낸다.

'까지', '동안'의 의미를 나타낸다.

यह बस कैंपस तक जाती है । '이 버스는 캠퍼스까지 간다.'
हम एक महीने तक वहाँ ठहरेंगे । '우리는 한 달 동안 그곳에 머무를 것이다.'

때로 불변화사로 쓰여 '조차' 의 뜻으로 쓰이기도 한다. 이 경우 선행하는 단어는 사격을 취하지 않는다.

उसने फ़ोन किया तक नहीं । '그는 전화하는 것 조차 안 했다.'
मुझे एक पैसा तक न रहा । '나에게는 한 푼도 안 남았다.'

연습문제

1. 괄호 안에 주어진 단어를 적합한 후치사를 이용하여 빈칸을 채우시오.

보기

☞ मैं उस कुत्ते को खिलौना समझा । (वह कुत्ता)

1) माताजी __________ सुलाती हैं । (बच्ची)

2) सुनीता बाज़ार में __________ ख़रीदती है । (मिठाई)

3) मैं __________ खाना चाहता हूँ । (वही स्वादिष्ट आम)

4) मैं संग्रहालय में __________ मिला । (प्रसिद्ध चित्रकार)

5) सुशीला अँगूठी लेकर __________ पैसे देती है । (दुकानदार)

6) क्या __________ जल्दी वापस जाना चाहिए ? (आप)

7) रमेश __________ भारतीय कला पर बातचीत करता है । (चित्रकार)

8) __________ भारत स्वतंत्र हुआ था । (15 अगस्त, 1947)

9) मैं __________ बहुत मेहनत करता हूँ । (काम पूरा करना)

10) रेलगाड़ी अभी-अभी स्टेशन पर __________ है । (पहुँचना)

11) __________ हाथ धोओ। (साबुन)

12) बंदर __________ गिर जाता है । (पेड़)

13) कृपया __________ हटकर खड़े हों । (दरवाज़े)

14) रमेश __________ बढ़कर होशियार है । (मनोज)

15) उस दिन __________ मुलाक़ात नहीं हुई । (आप)

16) मैं __________ माफ़ी माँगता हूँ । (आप)

17) सुनीता __________ इनकार करती है । (बुरे काम करना)

18) __________ पेड़ को आदमी समझा गया । (रमेश)

19) मैं __________ कपड़े सुखवाती हूँ । (धोबी)

20) क्या यहाँ __________ पानी मिलेगा ? (पीना)

21) पिताजी शाम को ______________ आदी हैं। (टहलना)

22) वह हमेशा ______________ मदद करता है। (हम)

23) लड़के ______________ हिन्दी पढ़ते हैं। (कमरा)

24) ______________ क्या अंतर है ? (जवान और बूढ़ा)

25) राधा की आवाज़ ______________ अच्छी है। (सुनना)

26) बिल्ली ______________ बैठी है। (छत)

27) अभी जाना है, फिर ______________ बात करते हैं। (फ़ोन)

28) उसके ______________ स्टूल टूट गया। (बैठना)

29) राधा ______________ नाराज़ है। (वह बात)

30) मैं शर्मा जी को ______________ बुलाऊँगी। (खाना)

31) रमेश घर वापस नहीं आया, वह ______________ काम करता होगा। (अब)

어 휘

अँगूठी (여) 반지
आवाज़ (여) 소리, 목소리
कवयित्री (여) 여류시인
कैंपस (남) 캠퍼스
गाँव (남) 마을, 시골
छत (여) 지붕, 천장
डरना (자동) 두려워하다
ताँगा (남) 이륜마차
दोपहर (남) 정오, 한낮, 오후
नफ़रत (여) 혐오, 증오, 미움
निवास (남) 거주
परसों (부) 그제, 모레
पेड़ (남) 나무
प्रश्न (남) 질문
फ़र्क़ (남) 차이
बर्ताव (남) 행위, 태도
भूत (형) 과거의 (남) 귀신
महीना (남) 달, 월
मुलाक़ात (여) 만남, 상봉
रात (여) 밤
लड़ना (자동) 싸우다
वादा (남) 약속
शादी (여) 결혼
संबंध (남) 관계
सेब (남) 사과
स्थान (남) 장소
हमला (남) 공격
अंतर (남) 차이
इनकार (남) 거절, 사양
काटना (타동) 자르다, 깎다
ख़राब (형) 몹쓸, 나쁜, 상한
चाकू (여) 칼, 단도
जवान (형) 젊은 (명) 젊은이
ढंग (남) 방법
तारीख़ (여) 날짜
दोस्ती (여) 우정, 친목
निर्भर (형) 의존하는
पत्ता (남) 잎
पिकासो (남) 피카소
प्रतीक्षा (여) 기다림
प्रार्थना (여) 기도, 간청
बढ़ई (남) 목수
भाग (남) 부분
मक्खी (여) 파리
माँगना (타동) 요구하다
मुहब्बत (여) 사랑
रेलगाड़ी (여) 기차
वन (남) 숲
विचार (남) 생각
शाम (여) 초저녁, 저녁
साबुन (남) 비누
सोमवार (남) 월요일
हफ़्ता (남) 일주일
होश (남) 의식, 정신

연습문제 해답

1) बच्ची को
2) मिठाई
3) उसी स्वादिष्ट आम को
4) प्रसिद्ध चित्रकार से
5) दुकानदार को
6) आपको
7) चित्रकार से
8) 15 अगस्त, 1947 को
9) काम पूरा करने को
10) पहुँचने को
11) साबुन से
12) पेड़ से
13) दरवाज़ों से
14) मनोज से
15) आपसे
16) आपसे
17) बुरे काम करने से
18) रमेश से
19) धोबी से
20) पीने का
21) टहलने के
22) हमारी
23) कमरे में
24) जवान और बूढ़े में
25) सुनने में
26) छत पर
27) फ़ोन पर
28) बैठने से / बैठने पर
29) उस बात से / उस बात पर
30) खाने पर
31) अब तक

제22장

결합동사

[명사/형용사+동사]의 형식을 갖는 동사구가 단일한 통사단위 또는 의미단위로 쓰이는 경우 이를 결합동사(**संयुक्त क्रिया**)라 한다. 결합동사를 이루는 명사/형용사를 '결합 명사/형용사'라고 부르며 결합동사를 이루는 동사는 경동사(輕動詞)라고 부른다. 국어에서는 '공부하다', '재미나다' 등과 같이 완전한 단일어로 나타나지만 힌디어에서는 결합 명사/형용사와 경동사가 각각 개별적인 단어로 나타난다. 대표적인 경동사로는 **करना**, **होना** 등이 있다.

[명사 + करना]

[명사 + **करना**]는 타동사로서 의미상 목적어를 포함하는 능동문을 이룬다. 의미상 목적어는 대부분 소유격 후치사로 표현되며, 후자는 결합명사에 일치한다. 가령 **का सम्मान करना** '존경하다'에서 소유격 후치사 **का**는 남성명사 단수인 **सम्मान** '존경'에 일치하며 **की परवाह करना** '주의하다'에서 소유격 후치사 **की**는 여성명사 단수인 **परवाह** '주의'에 일치한 것이다.

हम आपका सम्मान करते हैं । '우리는 당신을 존경한다.'
तुम इस बात की परवाह करो । '너는 이 일을 신경 써라.'

मैं आपका इंतज़ार करूँगा । '나는 당신을 기다릴 것이다.'
मैं गांधी जी की इज़्ज़त करता हूँ । '나는 간디를 존경한다.'

의미상 목적어가 직격의 형태로 또는 목적격 후치사와 함께 나타나는 경우도 있다.

मैं धर्मग्रंथ याद करता हूँ । '내가 경전을 암기한다.'
मैं धर्मग्रंथ को याद करता हूँ । '내가 경전을 암기한다.'
☞ मैं धर्मग्रंथ की याद करता हूँ । '내가 경전을 암기한다.'

의미상 목적어를 표현하기 위해 소유격 후치사를 선택적으로 수반하는 결합동사들로는 **(का) अनुभव करना** '경험하다', **(की) तलाश करना** '찾다', **(का) ख़र्च करना** '지출하다' 등이 있으며 항상 수반하지 않는 동사들로는 **स्वीकार करना** '받아들이다', **प्रदान करना** '주다', **पेश करना** '제출하다', **शुरू करना** '시작하다' 등이 있다. 후자의 경우 의미상 목적어는 직격으로 나타난다.

राधा माँ की बातें स्वीकार करती है । '라다가 엄마의 말들을 받아들인다.'
कुलपति विद्यार्थियों को पुरस्कार प्रदान करते हैं । '학교장이 학생들에게 상을 수여한다.'
बच्चे मंच पर नाटक पेश करेंगे । '아이들이 무대에서 연극을 연기할 것이다.'
सरकार ने स्वच्छ अभियान शुरू किया । '정부가 청결 캠페인을 시작했다.'

동사가 목적어에 일치하는 타동사 완료시제의 문장에서의 동사일치

① 의미상 목적어가 소유격 후치사와 함께 나타나는 경우 결합명사가 동사일치의 대상이 된다.

उसने मेरे साथ सैर करने का वादा किया । '그가 나와 함께 산책한다는 약속을 했다.'
उसने आपकी शिकायत की । '그가 당신을 불평했다.'
गांधी जी ने अछूत की मदद की । '간디가 천민을 도와주었다.'
उसने गांधी जी से तुम्हारी तारीफ़ की । '그가 간디께 너를 칭찬했다.'

② 의미상 목적어가 직격인 경우 직격의 목적어가 동사일치의 대상이 된다.

मैंने धर्मग्रंथ याद किया । '내가 경전을 암기했다.'
मैंने कविता याद की । '내가 시를 암기했다.'

③ 의미상 목적어가 목적격 후치사 **को**와 함께 쓰이는 경우 경동사가 비인칭 형태 즉, 3인칭 남성단수의 형태를 취한다.

मैंने धर्मग्रंथ को याद किया । '내가 경전을 암기했다.'
मैंने कविता को याद किया । '내가 시를 암기했다.'

결합동사는 대상이나 처소 등을 나타내기 위해 여러 유형의 후치사구와 관용적으로 연결된다. 이 경우에 결합명사는 문법적으로 목적어가 된다.

उसने राम पर विश्वास किया । '그가 람을 믿었다.'
उसने राम पर गुस्सा किया । '그가 람에게 화를 냈다.'
मैंने शादी से इनकार किया । '내가 결혼을 거부했다.'
मैंने राम से बात की । '내가 람과 이야기했다.'
प्रधान मंत्री ने नागरिकों से मंगल मिशन की बात की ।
'수상이 시민들에게 화성탐사를 이야기했다.'
मैंने ईश्वर से प्रार्थना की । '내가 신에게 간청했다.'
मैंने ईश्वर से क्षमा की प्रार्थना की । '내가 신에게 용서를 빌었다.'

일반적으로 부사어는 의미상 목적어와 결합동사 사이에 나타난다.

वह कार की अच्छे ढंग से मरम्मत करता है । '그가 차를 잘 수리한다.'
मैंने आपका देर तक इंतज़ार किया । '내가 당신을 늦게까지 기다렸다.'

⊕ [명사 + होना]

명사가 **होना**와 함께 결합동사를 이루는 경우에는 자동사구문을 취하는 경우와 여격주어구문을 취하는 경우로 구분된다. 이 경우 일반적으로 자동사구문은 피동의 의미를 나타내며 여격주어구문은 사람의 활동 중에서 감각, 감정, 지각, 인지, 취득, 인정, 축하 등을 표현한다.

자동사구문에서 의미상의 주어 또는 목적어가 후치사와 함께 나타나는 경우 **होना** 동사는 결합명사에 일치한다.

मेरी उससे बात हुई । '내가 그와 이야기했다.'
☞ मैंने उससे बात की । '내가 그와 이야기했다.'
कार की मरम्मत हुई । '차가 수리되었다.'
☞ उसने कार की मरम्मत की । '그가 차를 수리했다.'

गणतंत्र दिवस पर सुरक्षा का पुख़्ता इंतज़ाम हो गया ।
'공화일에 안전이 확실하게 준비되었다.'
पुलिस ने गणतंत्र दिवस पर सुरक्षा का पुख़्ता इंतज़ाम किया ।
'경찰은 공화일에 안전을 확실하게 준비하였다.

여격주어구문에서의 동사일치도 자동사구문의 경우와 유사한 현상을 보인다.

मुझे इस बात की परवाह थी। '나는 이 일에 관심이 있었다.'
☞ मैंने इस बात की परवाह की । '내가 이 일에 신경을 썼다.'

मुझे राम पर विश्वास था । '나는 람에 대한 믿음이 있었다.'
☞ मैंने राम पर विश्वास किया । '나는 람을 믿었다.'

मुझे धर्मग्रंथ याद था । '나는 경전의 기억이 있었다.'
☞ मैंने धर्मग्रंथ याद किया । '내가 경전을 암기했다.'

मुझे धर्मग्रंथ की याद थी । '나는 경전의 기억이 있었다.'
☞ मैंने धर्मग्रंथ की याद की । '내가 경전을 암기했다.'

❸ [형용사 + करना / होना]

[명사 + **करना** / **होना**]의 경우와 마찬가지로 [형용사 + **करना** / **होना**]에서 **करना**는 타동사구문을 이루며 **होना**는 자동사구문 또는 여격 주어구문을 이룬다.

मैंने दरवाज़ा बंद किया । '내가 문을 닫았다.'
दरवाज़ा बंद हो गया । '문이 닫혔다.'

मैंने परीक्षा में पास किया । '내가 시험에서 통과했다.'
मैं परीक्षा में पास हो गया । '내가 시험에서 통과되었다.'

मोहन ने जानकारी हासिल की । '모한이 정보를 획득했다.'
मोहन को जानकारी हासिल हो गई । '모한이 정보를 얻었다.'

मैं सेब पसंद करता हूँ । '내가 사과를 좋아한다.'
मुझे सेब पसंद होता है । '나는 사과가 마음에 든다.'

[형용사 + **करना** / **होना**]에서 형용사는 형태변화를 하지 않는 경우와 형태변화를 하는 경우로 구분된다. 전자는 **करना** 동사가 완료분사형태를 취하지 않은 경우에 한한다. 반면에 타동사 완료시제, 자동사구문, 여격주어구문 등에서는 형용사가 **करना** 또는 **होना**와 동일한 패턴의 형태변화를 한다.

हम यह काम पूरा करेंगे । '우리가 이 일을 완성할 것이다.'
सीता यह काम पूरा करेगी । '씨따가 이 일을 완성할 것이다.'

हमने यह काम पूरा किया । '우리가 이 일을 완성했다.'
हमने यह योजना पूरी की । '우리가 이 계획을 완성했다.'

दस छात्र इकट्ठे हुए । '열 명의 학생이 모였다.'
दस छात्राएँ इकट्ठी हुईं । '열 명의 여학생이 모였다.'

हमको यह काम पूरा करना था । '우리는 이 일을 완성해야 했다.'
हमको यह योजना पूरी करनी थी । '우리는 이 계획을 완성해야 했다.'

결합동사를 구성하는 기타 경동사들

결합동사의 동사요소로 **करना**, **होना** 외에 **देना**, **आना**, **रहना**, **रखना**, **लेना**, **उड़ाना** 등 다양한 동사들을 볼 수 있다. 동사나 형용사 일치는 **करना**나 **होना**가 쓰인 경우와 동일하다.

मैंने उनको प्रणाम दिया । '내가 그들에게 인사했다.'
☞ **मैंने उनको प्रणाम किया ।** '내가 그들에게 인사했다.'

मैं राम को सहायता देता हूँ । '내가 람에게 도움을 준다.'
☞ **मैं राम की सहायता करता हूँ ।** '내가 람을 도와준다.'

मैंने भिक्षु को पैसे दान दिए । '내가 스님에게 돈을 적선했다.'
मोहन को बस दिखाई देती है । '모한에게 버스가 보인다.'
मुझे तुम्हारा नाम याद आता है । '나는 너의 이름이 생각난다.'
मुझे तुम्हारा नाम याद रहेगा । '나에게 너의 이름이 기억될 것이다.'
मैं तुम्हारा नाम याद रखूँगी । '내가 너의 이름을 기억해 둘 것이다.'
मैंने एक मकान मोल लिया । '내가 집 한 채를 구입했다.'
हम बूढ़े की हँसी नहीं उड़ाते । '우리는 노인을 비웃지 않는다.'

연습문제

1. 주어진 질문에 [명사+**होना**]의 결합동사구문으로 답하시오.

보기

☞ क्या लोगों ने सम्राट अशोक की इज़्ज़त की थी ?
जी हाँ, सम्राट अशोक की इज़्ज़त हुई थी ।

1) **क्या लोग नई किताब का इंतज़ार कर रहे हैं ?**

2) **क्या लोग भिक्षुओं की मदद करते थे ?**

3) **क्या लोगों ने धर्मग्रंथ की याद की ?**

4) **क्या उसने भूमिदान का वादा किया है ?**

5) **क्या लोग उस लेखक की तारीफ़ करते होंगे ?**

2. 주어진 질문에 [형용사+**होना**]의 결합동사구문으로 답하시오.

보기

☞ क्या पुलिस ने चोर को हिरासत में बंद किया था ?
जी नहीं, (पुलिस से) चोर हिरासत में बंद नहीं हुआ था ।

1) **क्या सरकार ने यह योजना पूरी की है ?**

2) **क्या कारीगर ने कार ठीक की ?**

3) **क्या रमेश ने सारी जानकारियाँ इकट्ठी कीं ?**

4) **क्या मोहन आपका मज़ाक़ पसंद करता है ?**

5) **क्या राकेश ने धर्मग्रंथ हासिल किया ?**

3. 주어진 질문에 [형용사+**करना**] 결합동사구문으로 답하시오.

보기

☞ क्या आशा कमरे की सफ़ाई करती है ? (की सफ़ाई करना)
जी हाँ, आशा कमरा साफ़ करती है । (साफ़ करना)

1) **क्या बच्चों ने नाटक की तैयारी की है ? (की तैयारी करना)**

______________________ **(तैयार करना)**

2) **क्या लोग खिलाड़ी का माला पहनाते हुए सम्मान कर रहे हैं ? (का सम्मान करना)**

______________________ **(सम्मानित करना)**

3) **क्या हिंदी विभाग ने शब्दकोश का प्रकाशन किया ? (का प्रकाशन करना)**

______________________ **(प्रकाशित करना)**

4) **क्या उन्होंने बैठक की तारीख़ का निश्चय किया ? (का निश्चय करना)**

______________________ **(निश्चित करना)**

5) **क्या विद्यार्थियों ने पाठ्यक्रम की समाप्ति की है ? (की समाप्ति करना)**

______________________ **(समाप्त करना)**

어휘

अछूत (남) 천민 (형) 불가촉의
इंतज़ार (남) 기다림, 대기
कारीगर (남) 기술자, 기능공
तारीफ़ (여) 칭찬
दान (남) 적선, 기증
धर्मग्रंथ (남) 경전
निश्चय (남) 결정
परवाह (여) 관심, 조심
पसंद (형) 좋아하는 (여) 좋아함
पास (형) 통과한
प्रणाम (남) 문안, 경배
भिक्षु (남) 걸인
मदद (여) 도움
मोल (남) 가격, 가치
मोल लेना (타동) 사다, 구매하다
वादा (남) 약속, 다짐
शब्दकोश (남) 사전
समाप्त (형) 종료된, 끝난
सम्मान (남) 존경
सैर (여) 산책
हँसी (여) 웃음, 농담, 비웃음
हिरासत (여) 유치장
इकट्ठा (형) 모인
इज़्ज़त (여) 존경
तलाश (여) 찾기, 수색
गणतंत्र (남) 공화주의
दिवस (남) 일, 날
नाटक (남) 연극
निश्चित (형) 결정된
परीक्षा (여) 시험
पाठ्यक्रम (남) 커리큘럼
पूरा (형) 완전한, 전부의, 완성한
बंद (형) 닫힌, 그만둔
भूमिदान (남) 토지 기부
मरम्मत (여) 수리
याद (여) 기억
योजना (여) 계획
विश्वास (남) 믿음, 신뢰
शिकायत (여) 불평, 비난
समाप्ति (여) 종료, 끝
सम्राट (남) 황제
स्वीकार (남) 승인, 인정
हासिल (형) 획득된

연습문제 해답

1 1) जी हाँ, नई किताब का इंतज़ार हो रहा है ।

2) जी हाँ, भिक्षुओं की मदद होती थी ।

3) जी हाँ, धर्मग्रंथ की याद हुई । / जी हाँ, धर्मग्रंथ याद हुआ ।

4) जी हाँ, भूमिदान का वादा हुआ है ।

5) जी हाँ, उस लेखक की तारीफ़ होती होगी ।

2 1) जी नहीं, (सरकार से) यह योजना पूरी नहीं हुई है ।

2) जी नहीं, (कारीगर से) कार ठीक नहीं हुई ।

3) जी नहीं, (रमेश से) सारी जानकारियाँ इक्ट्ठी नहीं हुईं ।

4) जी नहीं, (मोहन को) मेरा मज़ाक़ पसंद नहीं होता है ।

5) जी नहीं, (राकेश को) धर्मग्रंथ हासिल नहीं हुआ ।

3 1) जी हाँ, बच्चों ने नाटक तैयार किया है ।

2) जी हाँ, लोग खिलाड़ी को माला पहनाते हुए सम्मानित कर रहे हैं ।

3) जी हाँ, हिन्दी विभाग ने शब्दकोश प्रकाशित किया ।

4) जी हाँ, उन्होंने बैठक की तारीख़ निश्चित की ।

5) जी हाँ, विद्यार्थियों ने पाठ्यक्रम समाप्त किया है ।

제23장

불변화사

불변화사는 어형 변화를 하지 않는 단어를 통틀어 이르는 용어로서 부사, 후치사, 접속사, 강조사, 한정사, 간투사 등이 있다.

तो

तो는 강조사로서 선행하는 명사의 의미를 대조적으로 강조하거나 선행하는 서술어의 내용을 확인하는 데 쓰인다.

वह लड़का उर्दू तो पढ़ेगा । '그 소년이 우르두는 공부할 것이다.'
☞ वह लड़का उर्दू पढ़ेगा । '그 소년이 우르두를 공부할 것이다.'
आप ठीक तो हैं ? '당신이 괜찮기는 한 것이지요?'
आपने दरवाज़े में ताला लगाया तो है? '당신이 문에 자물쇠를 걸기는 한 것이지요?'

तो는 접속사로 쓰여 종속절의 접속사 **अगर** '만약', **जब** '~ㄹ 때' 등을 받아 주절을 이끈다.

अगर कल फ़ुरसत मिली, तो मैं आपके यहाँ आऊँगा ।
'만약 내일 시간이 있다면 내가 당신 집에 갈 것이다.'

अगर कल फ़ुरसत मिलती, तो मैं आपके यहाँ आता ।
'만일 어제 시간이 있었다면 내가 당신 집에 갔을 텐데.'
जब वह आया, तो बच्ची रोने लगी । '그가 왔을 때 여자아이가 울기 시작했다.'

तो는 부정어와 함께 **नहीं तो**를 이루어 '그렇지 않으면'의 의미를 나타낸다.

चुप रहो, नहीं तो मार खाओगे । '조용히 해라, 그렇지 않으면 매를 맞을 것이다.'
जल्दी भागो, नहीं तो पकड़े जाओगे । '빨리 달려라, 그렇지 않으면 잡힐 것이다.'

तो는 문두에서 화제전환을 위해 '그럼/그런데'의 의미를 나타낸다.

तो आप क्या चाहते हैं ? '그럼 당신은 무엇을 원하십니까?'

➊ ही

ही는 확실, 한정, 부족, 유일 등의 의미를 강조하거나 한정하는 말로서 '분명히/확실히', '바로', '오직', '만', '단지' 등의 의미를 나타낸다. 강조하거나 한정하는 단어를 후행하며 격 후치사를 또한 후행한다.

सुरेश ने किताब ख़रीदी ही है । '수레시가 책을 (확실히) 샀다.'
मैंने ही किताब ख़रीदी है । '바로 내가 책을 샀다.'
मैंने ही किताब ख़रीदी है, मेरा मित्र नहीं । '나만이 책을 샀고 내 친구는 안 샀다.'
मैंने यही बात कही थी । '내가 바로 이 일을 말했다.'
वहाँ दो ही आदमी हैं । '그곳에 사람이 둘뿐이다.'
राम उठा ही था कि उसकी माँ ने जल्दी खाने को कहा ।
'람이 막 일어났는데 그의 엄마가 빨리 먹으라고 말했다.'

한정 또는 강조를 위해 첩어를 이루는 구성소로 나타나기도 한다.

चारों तरफ़ अंधेरा ही अंधेरा है । '사방이 어둡기만 했다.'

यहाँ ख़ुशबू ही ख़ुशबू है । '이곳은 향기로 가득 찼다.'

भी

भी는 추가, 포함, 허용 등을 나타내는 말로서 '~도', '또한', '조차' 등의 의미를 나타낸다.

हम भी फ़ैसला करेंगे । '우리도 결정할 것이다.'
हमने भी फ़ैसला किया । '우리도 결정했다.'
बच्चा भी यह जानता है । '아이도 이것을 안다.'
इस दशा में तुम भी जाते हो ? '이 상황에 너조차 가는가?'

फिर भी '그럼에도', **तो भी** '그런데도', **में भी** '~에도', **-ने पर भी** '~에도' 등과 같이 예외나 의외적인 것 또는 기대와는 다름을 나타낸다.

ग़रीबी सख़्त थी, फिर भी वह निराश नहीं हुआ ।
'가난이 혹심했지만 그는 절망하지 않았다.'
दर्द बहुत था, तो भी मैं नहीं चिल्लाया ।
'통증이 심했지만 그럼에도 나는 소리치지 않았다.'
वह भूखा मर रहा था, तो भी उसने खाना नहीं माँगा ।
'그는 배고파 죽을 지경이었지만 그럼에도 음식을 구걸하지 않았다.'
सख़्त ग़रीबी में भी वह निराश नहीं हुआ ।
'혹심한 가난에도 그는 절망하지 않았다.'
ठंड पड़ने पर भी लोगों ने पार्क में सैर की ।
'추워졌음에도 사람들은 공원에서 산책했다.'
पिताजी के डाँटने पर भी राम हर किसी से लड़ता है ।
'아버지가 야단쳤음에도 람은 아무하고나 싸운다.'

~ ही नहीं ~, (बल्कि) ~भी '~뿐만 아니라 ~(오히려) 도' 는 둘 이상의 대상이나 사건을 함께 아우름을 나타낸다.

उसने ईमेल ही नहीं भेजा, बल्कि फ़ोन भी किया ।
'그가 이메일만 보낸 것이 아니라 전화도 했다.'
राम शराब ही नहीं पीता, सिग्रेट भी पीता है ।
'람이 술만 마시는 것이 아니라 담배도 피운다.'

8 चाहे

चाहे는 '~거나/~이든'의 의미로 쓰여 여럿 중에서 어느 것이어도 주절의 내용이 성립하는 데 상관이 없음을 나타낸다. **चाहे**~, **चाहे/या**~의 형식을 갖는다. **क्या**~, **क्या**~도 같은 용법을 갖는다.

सब लोग बराबर हैं, चाहे दौलतमंद चाहे ग़रीब ।
'모든 사람은 같다, 부유하든 가난하든.'
क्या यह और क्या वह । '이거나 그거나 (상관없다).'
चाहे वर्षा हो या बर्फ़ पड़े, हम जाएँगे । '비가 오든 눈이 내리든 우리는 갈 것이다.'

양보절을 이끄는 **चाहे** '~ㅁ에도'는 주절을 이끄는 **फिर भी** '그럼에도'와 함께 쓰여 어떤 사실에 미루어 기대되는 다른 일이 발생하지 않음을 나타낸다. **चाहे** 절은 접속사 **फिर भी** '그럼에도'가 이끄는 주절과 연결된다.

चाहे मैंने समझाया, फिर भी वह नहीं माना ।
'내가 이해시켰음에도 그는 인정하지 않았다.'
चाहे वह अमीर है, फिर भी कंजूस है ।
'그는 부자이지만 그럼에도 구두쇠이다.'

चाहे는 **चाहे जो** '누구든/무엇이든 ~ㄹ지라도', **चाहे जहाँ** '어디든 ~ㄹ지라도'와 같이 관계사와 함께 쓰여 양보절을 이끈다.

चाहे जो लोगों ने कहा हो, वह अपना काम करता रहा ।
'사람들이 무슨 말을 할지라도 그는 자신의 일을 계속했다.'
चाहे जहाँ राम गया हो, लोग उसके दर्शनों के लिए इकट्ठे हुए थे ।
'람이 어디에 갈지라도 사람들이 그를 보러 모였다.'
चाहे कुछ भी हो, मैं अपनी कही हुई बात पर क़ायम रहूँगा ।
'무슨 일이 있어도, 나는 내 자신이 한 말을 지킬 것이다.'

कि

कि는 접속사로서 **कहना** '말하다', **सुनना** '듣다', **देखना** '보다', **सोचना** '생각하다' 등과 같은 전달, 지각, 인식 등을 나타내는 동사들 뒤에서 명사절을 이끈다.

उसने कहा कि मैं बाग़ में होऊँगा । '그는 그가 공원에 있을 것이라고 말했다.'
मैंने सुना है कि बातचीत नाकाम हो गई । '나는 이야기가 결실 없었다고 들었다.'
मुझे अफ़सोस है कि तुम परीक्षा में फ़ेल हो गए ।
'나로서는 네가 시험에 실패한 것이 유감이다.'

कि는 접속사로서 대명형용사 **यह** '이것', **ऐसा** '이러한', **इतना** '이만큼' 등을 받아 명사절을 이끈다.

यह संभव है कि उसे ख़बर मिली हो । '그가 소식을 받았을 가능성이 있다.'
यह ज़रूरी है कि वह दवा खाए । '그가 약을 먹는 것이 필요하다.'
सीता इतनी सुंदर है कि सब लोग उससे मिलना चाहते हैं ।
'씨따는 이만큼 예쁘다, 모든 사람들이 그녀와 만나고 싶어할 만큼.'

कि는 **तब** '그때에', **तो** '그래서/그런데/그리고', **या** '아니면/또는', **चाहे** '~이든', 관계사 **जो** 등을 대신하여 쓰이기도 한다.

मैं घर आया ही था कि बारिश होने लगी ।
'내가 집에 막 왔는데 그때 비가 오기 시작했다.'

एक काम पूरा नहीं होता कि दूसरा आ पड़ता है ।
'한가지 일이 끝나지 않았는데 다른 일이 생긴다.'
पता नहीं उसने क्या कुछ ख़रीदा कि एक भी पैसा न बचा ।
'모르겠다 그가 무엇인가를 좀 샀는지 한 푼도 안 남았다.'
क्या लेंगे, कॉफ़ी कि चाय ? '무엇을 마실래요, 커피 아니면 차?'
मैं कि बेकार हूँ किस तरह शादी का ख़र्च उठा सकूँगा ?
'나는 직업이 없는 자로서 어떻게 결혼 비용을 감당할 수 있을까?'

सही / तो सही

सही '정확한/정확히'는 본래 의미 외에 확실성을 강조하는 문맥에서 자주 쓰인다.

जैसा तुम चाहो, वैसा सही । '네가 원하는 대로 그렇게 될 것이다.'
वह आएगा तो सही। '그가 올 것이라는 것은 확실하다.'
तुम आओ तो सही । '네가 오기는 해야지.'
☞ यह उत्तर सही है । '이 답은 맞다.'

और

접속사 **और**는 '그리고/더/다른'의 의미를 갖는다.

हमने चाय पी और पकौड़े खाए । '우리는 차를 마시고 빠꼬라를 먹었다.'
कुछ और कपड़े दिखाइए । '어떤 다른 옷을 보여 주세요.'
और कुछ कपड़े दिखाइए । '다른 어떤 옷을 보여 주세요.'
और अच्छा कपड़ा लाइए । '더 좋은 천을 가져오세요.'

अच्छा

형용사 **अच्छा**는 간투사로도 쓰인다.

अच्छा, तुम अभी तक काम कर रहे हो ! '그래, 네가 지금까지 일하고 있구나!'
अच्छा, अच्छा, तो आज तुम्हारा जन्मदिन है ! '그래, 그래. 오늘이 너의 생일이구나!'

क्यों / क्यों न

क्यों '왜', **क्यों न** '왜 아니'는 제안이나 동의를 나타내는데 쓰이기도 한다.

क्यों बेटी ! तू दावत में जाना पसंद करेगी ।
'왜 딸아! 너는 파티에 가는 것을 좋아하게 될 거야.'
क्यों न हम लोटे वर्ल्ड जाएँ ? '우리 롯데월드 가는 거 어때요?'

ना / न

부정어 **ना**, **न**는 문장의 끝에 부가적으로 쓰여 상대방에게 내용에 대한 확인이나 동의를 구함을 나타낸다.

यह कहानी दिलचस्प है ना ? '이 이야기가 흥미롭지 않은가?'
चाय पीजिएगा न ? '차를 드시지 않겠습니까?'

न~, न~

부정어 **न**를 반복하여 둘 이상의 것이 어느 것도 아님을 나타낸다.

न सरदी है, न गरमी । '춥지도 덥지도 않다.'
उसके न माँ है, न बाप । '그는 엄마도 아빠도 없다.'

연습문제

1. 문맥에 어울리는 불변화사를 첨가하여 대화를 완성하시오.

보기

क: क्या आशा दावत में आई थी ?
ख: आशा आई तो थी, किन्तु खाना नहीं खाया ।

1) क: चिंतित हूँ कि मैं परीक्षा में पास होऊँगा कि नहीं ।
ख: मन लगाकर पढ़ो ＿＿＿＿＿ । ज़रूर पास होगे ।

2) क: शनिवार को कविता समारोह आयोजित होगा ।
ख: अगर फ़ुरसत मिली, ＿＿＿＿＿ ज़रूर आऊँगा ।

3) क: गरम कपड़े पहनो, ＿＿＿＿＿ बीमार हो जाओगी ।
ख: जी, ऊनी टोपी भी पहनूँगी ।

4) क: मैं हिन्दी प्रतियोगिता में भाग ले लूँगा ।
ख: मैं ＿＿＿＿＿ भाग लेना चाहता हूँ । साथ तैयार करें ।

5) क: वे ग़रीब परिवार के थे । महान व्यापारी कैसे बन गए ?
ख: वे ग़रीबी में ＿＿＿＿＿ निराश नहीं हुए, बल्कि ग़रीबी का सामना किया ।

6) क: तुम थके हुए लगते हो, दोपहर का खाना खाया ?
ख: हाँ, दोपहर का खाना ＿＿＿＿＿, सुबह का ＿＿＿＿＿ खाया ।

7) क: फुटबॉल मैच कल होने वाला है, क्या मौसम ठीक होगा ?
ख: ＿＿＿＿＿ वर्षा हो, ＿＿＿＿＿ बर्फ़ पड़े, मैच रद्द नहीं होगा ।

8) क: लगता है कि रमेश किताब पढ़ना पसंद करता है ।
ख: हाँ, ＿＿＿＿＿ रमेश जाता हो, उसके हाथों में किताबें होती हैं ।

9) क: आशा कितनी सुंदर है ?
ख: वह इतनी सुंदर है ＿＿＿＿＿ फूलों को उसके सामने शर्म आती है ।

10) क: हम आराम करें ＿＿＿＿＿ घूमने चलें ?
ख: चाहे जो कुछ तुम करना चाहते हो, मैं कर दूँगा ।

11) क: सुशीला जी, पकौड़े __________ लीजिए ।

खः बस, ख़ूब खाए हैं ।

12) क: दीपावली पर बच्चों के लिए क्या तैयार करें ?

खः __________ नए कपड़े, पटाखे, मिठाइयाँ लाएँ ।

13) क: शरत् ऋतु के लिए कपड़ा दिखाओ ।

खः देखिए, यह कपड़ा __________ हल्का और __________ भारी है ।

14) क: शाम को हमारे यहाँ आओगे ?

खः __________ , तुम्हारा जन्मदिन है न ? ज़रूर आऊँगा ।

어 휘

अफ़सोस (남) 유감
ईमेल (남) 이메일
कंजूस (형) 구두쇠의, 인색한
क़ायम (형) 굳은, 확립된
गरमी (여) 따뜻함, 여름, 더위
ग़रीबी (여) 가난, 빈곤, 궁핍
जन्मदिन (남) 생일
डाँटना (타동) 꾸짖다
दर्शन (남) 알현, 광경, 철학
दावत (여) 잔치, 연회, 초대
दीपावली (여) 디왈리 (축제)
नाकाम (형) 결실없는, 부적격한, 몹쓸
पकौड़ा (남) 빠꼬라 (음식)
मन (남) 마음
  मन लगाना 집중하다
मार (여) 구타
रद्द (형) 취소한
शरत् (여) 가을
संभव (형) 가능한
समारोह (남) 행사
सामना (남) 상대, 대립, 대처
आयोजित (형) 개최된
ऋतु (여) 계절
कॉफ़ी (여) 커피
ख़र्च (남) 지출, 소비, 비용
ग़रीब (형) 가난한, 빈곤한
चिंतित (형) 걱정되는
ज़रूरी (형) 필요한
ताला (남) 자물쇠
दवा (여) 약
दिलचस्प (형) 흥미로운, 재미 있는
दौलतमंद (형) 부유한
निराश (형) 실망한, 암담한
भूखा (형) 굶주린, 허기진
महान (형) 커다란, 훌륭한
माँ (여) 엄마
मैच (남) 경기
व्यापारी (남) 사업가
शर्म (여) 부끄러움, 수줍음
सख़्त (형) 혹심한, 삼엄한
सही (형) 정확한, 옳은
साहस (남) 용기

연습문제 해답

1

1) तो सही
2) तो
3) नहीं तो
4) भी
5) भी
6) ही नहीं, भी
7) चाहे, चाहे
8) चाहे जहाँ
9) कि
10) या
11) और
12) क्यों न
13) न, न
14) अच्छा

제24장

비사실법

비사실법은 발생 가능성 자체를 사실과 무관하게 가정하는 단순 조건절과 달리 사실에 반대되는 조건을 가정하는 서법이다. 어느 경우든 조건절은 접속사 **यदि** '만일', 또는 **अगर** '만약'에 의해 이끌리며 주절은 접속사 **तो** '그렇다면'에 의해 이끌린다. 조건절의 접속사는 생략될 수 있으나 주절의 접속사 **तो**는 생략되지 않는다.

단순 조건절

단순 조건절은 일어날 수 있는 일을 가정하는 것으로 별도의 서법이나 시제 형식의 제약이 없으며 주절은 일반적으로 미래시제가 쓰인다. 단순 조건절에서 단순과거시제는 과거가 아니라 확실성을 강조하는 완료상의 의미를 갖는다.

अगर वह आए, तो हमारा काम हो जाएगा ।
'그가 온다면 우리의 일이 이루어질 것이다.'
अगर वह आएगा, तो मैं उसके साथ जाऊँगा ।
'그가 온다면 나는 그와 함께 갈 것이다.'
अगर वह नहीं आया, तो काम बिगड़ जाएगा ।
'그가 오지 않으면 일이 망가질 것이다.'

अगर आप चाहते हैं, तो मैं हिन्दी में बोलूँगा ।
'당신이 원한다면 내가 힌디어로 말하겠다.'

주절은 미래시제 외에 불확정미래나 명령법 등의 형식에서도 잘 어울린다.

अगर आप न आ सकें, तो अभी मुझे बता दें ।
'당신이 올 수 없다면 나에게 말해 주세요.'
अगर आपको काम करना हो, तो मैं बाहर चला जाऊँ ?
'당신이 일을 해야 한다면 내가 밖으로 나가야겠지요?'
अगर बारिश हो, तो आप यहीं रुक जाइए ।
'비가 오면 당신은 여기 머무르세요.'
अगर आप जा रहे हैं, तो मुझे बता दीजिए ।
'당신이 갈 것이면 나에게 말씀해 주세요.'

➌ 비사실법

비사실법은 현재나 과거에 실제로 일어났거나 미래에 일어날 사건 또는 상황을 역으로 가정하여 진술하는 서법이다. 비사실법은 일차적으로 인과관계를 설정하는데 쓰이며 조건절과 주절이 동일한 형식을 유지할 필요는 없다. 비사실법은 또한 감탄문이나 의문문에서 소망, 불평, 유감, 놀라움, 곤란함 등의 정서적인 표현을 나타내는데 쓰이기도 한다.

유형	형식	예) **खेलना**
비사실법일반	동사어간 + –ता	खेलता
비사실법완료	동사어간 + –आ होता	खेला होता
비사실법미완료	동사어간 + –ता होता	खेलता होता
비사실법진행	동사어간 + रहा होता	खेल रहा होता

1) 비사실법일반

비사실법일반은 주로 과거에 실현되지 않은 사건을 반대로 가정하는 데 쓰이며 때로 현재나 미래에 일어날 가능성이 없는 조건을 표현할 때에도 사용된다.

अगर मैं भारत जाता, तो ज़्यादा हिंदी ज़रूर सीखता ।
'내가 인도에 갔었다면 필히 힌디를 더 배웠을 텐데 /
내가 인도에 간다면 필히 힌디를 더 배울 텐데'
अगर बारिश होती, तो हम भीग जाते ।
'비가 왔었다면 우리가 젖었을 텐데 / 비가 온다면 우리가 젖을 텐데'
वह जाता, तो मैं आता ।
'그가 갔었다면 내가 왔을 텐데 / 그가 간다면 내가 올 텐데'

2) 비사실법완료

완료된 사건에 대하여 반대로 가정하는 데 사용되며 주로 과거의 사건과 연관된다.

अगर मैं भारत गया होता, तो मैंने ताजमहल देखा होता ।
'내가 인도에 갔었더라면 따즈마할을 보았을 텐데'
तुमने पहले से बताया होता, तो मैं पैसे भेजता ।
'네가 먼저 말해 주었다면 내가 돈을 보냈을 텐데 / 보낼 텐데'

3) 비사실법미완료

습관이나 일반성과 관련된 사실을 반대로 가정하는 데 사용되며 시제의 제약에서 자유롭다.

हम पढ़ते होते, तो पास हो जाते ।
'우리가 (꾸준히) 공부했다면 통과했을 텐데 / 우리가 (꾸준히) 공부한다면 통과할 텐데'

अगर भाइयों को तुम जानती होतीं, तो ऐसा नहीं करतीं ।
'네가 형제들을 알았다면 이렇게 하지 않았을 텐데 /
네가 형제들을 안다면 이렇게 하지 않을 텐데'

4) 비사실법진행

진행 중인 사건을 사실과 반대로 가정하는 데 사용되며 시제의 제약에서 자유롭다.

अगर हमारे गुरु जी यहाँ होते, तो ज़रूर हमें सहायता दे रहे होते ।
'우리 스승님이 여기에 계셨다면 우리에게 도움을 주고 계셨을 텐데 /
우리 스승님이 여기에 계신다면 우리에게 도움을 주고 계실 텐데'
उस समय वह काम कर रहा होता, तो उसे कष्ट न देता ।
'그때 그가 일하고 있는 중이었더라면 그를 괴롭히지 않았을 텐데'

5) 비사실법의 기타 표현

비사실법은 조건문에서뿐만 아니라 감탄문이나 의문문에서도 자주 쓰인다. 이때의 표현 내용들도 다양하여 실현성이 없는 일들에 대한 수사적 질문, 바람, 추측, 불평, 유감, 간청, 놀람, 딜레마 등을 다룬다. 이와 같은 내용을 담는 반대사실법의 문장들은 대부분 **क्या** '무엇', **कैसे** '어떻게', **क्यों** '왜'와 같은 의문사들, **काश** '아', **कहीं** '도대체' 등과 같은 감탄사들, **शायद** '아마도', **कदाचित्** '아마도' 등과 같은 부사어들 그리고 **अगर** '만약', **यदि** '만약' 등의 접속사와 함께 쓰인다.

ऐसी दशा में यह युवक और क्या करता ?
'이런 상황에 이 청년이 다른 뭘 했겠는가? / 이런 상황에 이 청년이 다른 뭘 하겠는가?'
काश, मैं भी आपके साथ गया होता !
'아, 나도 당신과 함께 갔었더라면!'

शायद वह बच्चा बीमार न होता !

'아마도 그 아이가 아프지 않았더라면! / 아마도 그 아이가 아프지 않다면!'

यदि मैं नाचना जानता !

'만일 내가 춤출 줄 알았더라면! / 만일 내가 춤출 줄 안다면!'

연습문제

1. 주어진 문장을 단순 조건절의 형식을 빌어 표현하시오.

보기

☞ आपके आने पर हमारा काम हो जाएगा ।
अगर आप आएँगे, तो हमारा काम हो जाएगा ।

1) बर्फ़ी कम मीठी होने पर नानाजी को भी पसंद आएगी ।

2) आप थके हुए महसूस करने पर ताज़ा फल खाइए ।

3) चीनी न होने पर मुझे तो फ़ीकी चाय दे दीजिए ।

4) मौसम ज़्यादा सुहावना होने पर सैर करने बाहर चलेंगे ।

5) उसकी संगीत की ओडियो सीडी निकलने पर मैं तुरंत ख़रीदूँगी ।

2. 주어진 문장을 **अगर, तो**를 사용하여 비사실법으로 바꾸시오.

보기

☞ अब मेरे पास छाता नहीं है, इसलिए मैं भीग जाती हूँ ।
अगर अब मेरे पास छाता होता, तो मैं न भीग जाता ।

1) मुझे रेलगाड़ी का टिकट नहीं मिला, इसलिए यहाँ एक दिन और ठहरना ज़रूरी है ।

2) मुझे समय पर बस न मिली थी, इसलिए मुझे टैक्सी से आना पड़ा था ।

3) पिछले साल मेरे पास पैसा नहीं था, इसलिए मैंने मकान नहीं ख़रीदा ।

4) तुम रोज़ व्यायाम नहीं करते, इसलिए आज बीमार हो ।

5) सुरेश पिछले साल ठीक से काम नहीं करता था, इसलिए उसे तरक़्क़ी नहीं मिली है ।

6) तुम उस समय नहीं पढ़ रहे थे, इसलिए मैंने तुम्हें चाय पर बुलाया ।

7) आशा आज व्रत रख रही है, इसलिए मैं उसे खाने पर न बुलाऊँगी ।

3. 주어진 문장을 **काश**를 사용하여 비사실법으로 바꾸시오.

보기

☞ मैं चाहती थी कि वह भी दावत में आ जाए, लेकिन वह नहीं आया ।
काश, वह भी दावत में आ जाता / आ गया होता ।

1) मैं चाहता था कि उस लेखक को साहित्य पुरस्कार मिल जाए, लेकिन नहीं मिला ।

2) मोहन को उससे खुलकर दिल की बात कह देनी चाहिए थी, लेकिन नहीं की ।

3) तुम्हें पहले इसके बारे में मुझे बताना चाहिए था, लेकिन ऐसा नहीं किया ।

4) हम चाहते थे कि हम अच्छी तरह हिंदी सुनें, बोलें, पढ़ें और लिखें ।

어휘

अफ़सोस (남) 유감
कष्ट (남) 괴로움, 고난
चीनी (여) 설탕
ज़रूर (부) 반드시, 필히
टैक्सी (여) 택시
ताज़ा (형) 신선한
नाचना (자동) 춤추다
पैसा (남) 돈
बर्फ़ी (여) 바르피 (당과)
भेजना (타동) 보내다
व्यायाम (남) 운동
व्रत (남) 금식
साहित्य (남) 문학
ओडियो सीडी (여) 오디오 시디 (CD)
खुलकर (부) 솔직하게, 터놓고
छाता (남) 우산
ज़रूरी (형) 필수적인
तरक़्क़ी (여) 승진
तुरंत (부) 즉시
पुरस्कार (남) 상 (賞)
फ़ीका (형) 싱거운, (색이) 바랜
बिगड़ना (자동) 망가지다
महसूस (형) 느낀
　महसूस करना 느끼다
सहायता (여) 도움
सुहावना (형) 상쾌한, 좋은

연습문제 해답

1 1) अगर बर्फ़ी कम मीठी है / हो, तो नानीजी को भी पसंद आएगी ।

2) अगर आप थके हुए महसूस करते हैं / करें, तो ताज़ा फल खाइए ।

3) अगर चीनी नहीं है / हो, तो मुझे तो फ़ीकी चाय दे दीजिए ।

4) अगर मौसम ज़्यादा सुहावना है / हो / होगा, तो सैर करने बाहर चलेंगे ।

5) अगर उसकी संगीत की ओडियो सीडी निकलेगी / निकले, तो मैं तुरंत ख़रीदूँगी ।

2 1) अगर मुझे रेलगाड़ी का टिकट मिलता / मिला होता, तो यहाँ एक दिन और ठहरना ज़रूरी न होता ।

2) अगर मुझे समय पर बस मिली होती, तो मुझे टैक्सी से आना न पड़ा होता ।

3) अगर पिछले साल मेरे पास पैसा होता, तो मैंने मकान ख़रीदा होता ।

4) अगर तुम रोज़ व्यायाम करते होते, तो आज बीमार न होते ।

5) अगर सुरेश पिछले साल ठीक से काम करता होता, तो उसे तरक़्क़ी मिली होती / मिलती।

6) अगर तुम उस समय पढ़ रहे होते, तो मैंने तुम्हें चाय पर न बुलाया होता ।

7) अगर आशा आज व्रत न रख रही होती, तो मैं उसे खाने पर बुलाती ।

3 1) काश, उस लेखक को साहित्य पुरस्कार मिल जाता / गया होता ।

2) काश, मोहन उससे खुलकर दिल की बात कह देता / मोहन ने उससे खुलकर दिल की बात कह दी होती ।

3) काश, तुम पहले इसके बारे में मुझे बताते / तुमने पहले इसके बारे में मुझे बताया होता ।

4) काश, हम अच्छी तरह हिंदी सुनते, बोलते, पढ़ते और लिखते ।

부 록

1. 대명사 형태변화표

가. 1인칭 대명사

격	단수	복수
주격	मैं, मैंने	हम, हमने
목적격	मुझे, मुझको	हमें, हमको
기구격	मुझसे, मेरे द्वारा	हमसे, हमारे द्वारा
여격	मुझे, मुझको, मेरे लिए	हमें, हमको, हमारे लिए
탈격	मुझसे	हमसे
소유격	मेरा, मेरी, मेरे	हमारा, हमारी, हमारे
처소격	मुझमें, मुझपर	हममें, हमपर

나. 2인칭 대명사

격	단수	복수
주격	तू, तूने	तुम, तुमने
		आप, आपने
목적격	तुझे, तुझको	तुम्हें, तुमको
		आपको
기구격	तुझसे, तेरे द्वारा	तुमसे, तुम्हारे द्वारा
		आपसे, आपके द्वारा
여격	तुझे, तुझको, तेरे लिए	तुम्हें, तुमको, तुम्हारे लिए
		आपको, आपके लिए
탈격	तुझसे	तुमसे
		आपसे
소유격	तेरा, तेरी, तेरे	तुम्हारा, तुम्हारी, तुम्हारे
		आपका, आपकी, आपके
처소격	तुझमें, तुझपर	तुममें, तुमपर
		आपमें, आपपर

다. 3인칭 대명사

격	단수	복수
주격	यह, इसने	ये, इन्होंने
	वह, उसने	वे, उन्होंने
목적격	इसे, इसको	इन्हें, इनको
	उसे, उसको	उन्हें, उनको
기구격	इससे, इसके द्वारा	इनसे, इनके द्वारा
	उससे, उसके द्वारा	उनसे, उनके द्वारा
여격	इसे, इसको, इसके लिए	इन्हें, इनको, इनके लिए
	उसे, उसको, उसके लिए	उन्हें, उनको, उनके लिए
탈격	इससे	इनसे
	उससे	उनसे
소유격	इसका, इसकी, इसके	इनका, इनकी, इनके
	उसका, उसकी, उसके	उनका, उनकी, उनके
처소격	इसमें, इसपर	इनमें, इनपर
	उसमें, उसपर	उनमें, उनपर

라. 관계대명사 जो

격	단수	복수
주격	जो, जिसने	जो, जिन्होंने
목적격	जिसे, जिसको	जिन्हें, जिनको
기구격	जिससे, जिसके द्वारा	जिनसे, जिनके द्वारा
여격	जिसे, जिसको, जिसके लिए	जिन्हें, जिनको, जिनके लिए
탈격	जिससे	जिनसे
소유격	जिसका, जिसकी, जिसके	जिनका, जिनकी, जिनके
처소격	जिसमें, जिसपर	जिनमें, जिनपर

마. 부정대명사 कोई

격	단수	복수
주격	कोई, किसी ने	कोई, किन्हीं ने
목적격	किसी को	किन्हीं को
기구격	किसी से, किसी के द्वारा	किन्हीं से, किन्हीं के द्वारा
여격	किसी को, किसी के लिए	किन्हीं को, किन्हीं के लिए
탈격	किसी से	किन्हीं से
소유격	किसी का, किसी की, किसी के	किन्हीं का, किन्हीं की, किन्हीं के
처소격	किसी में, किसी पर	किन्हीं में, किन्हीं पर

바. 의문대명사 कौन

격	단수	복수
주격	कौन, किसने	कौन, किन्होंने
목적격	किसे, किसको	किन्हें, किनको
기구격	किससे, किसके द्वारा	किनसे, किनके द्वारा
여격	किसे, किसको, किसके लिए	किन्हें, किनको, किनके लिए
탈격	किससे	किनसे
소유격	किसका, किसकी, किसके	किनका, किनकी, किनके
처소격	किसमें, किसपर	किनमें, किनपर

사. 의문대명사 क्या

격	단수	복수
주격	क्या, किसने	क्या, किन्होंने
목적격	किसे, किसको	किन्हें, किनको
기구격	किससे, किसके द्वारा	किनसे, किनके द्वारा
여격	किसे, किसको, किसके लिए	किन्हें, किनको, किनके लिए
탈격	किससे	किनसे
소유격	किसका, किसकी, किसके	किनका, किनकी, किनके
처소격	किसमें, किसपर	किनमें, किनपर

2. 수

가. 기수

1) 1~100

इकाइयाँ ▽	दहाइयाँ ▷	+10	+20	+30	+40	+50	+60	+70	+80	+90
1	एक	ग्यारह	इक्कीस	इकतीस	इकतालीस	इकावन	इकसठ	इकहत्तर	इकासी	इकानवे
2	दो	बारह	बाईस	बत्तीस	बयालीस	बावन	बासठ	बहत्तर	बयासी	बानवे
3	तीन	तेरह	तेईस	तैंतीस	तैंतालीस	तिरपन	तिरसठ	तिहत्तर	तिरासी	तिरानवे
4	चार	चौदह	चौबीस	चौंतीस	चवालीस	चौवन	चौंसठ	चौहत्तर	चौरासी	चौरानवे
5	पाँच	पंद्रह	पच्चीस	पैंतीस	पैंतालीस	पचपन	पैंसठ	पचहत्तर	पचासी	पचानवे
6	छह	सोलह	छब्बीस	छत्तीस	छियालीस	छप्पन	छियासठ	छिहत्तर	छियासी	छियानवे
7	सात	सत्रह	सत्ताईस	सैंतीस	सैंतालीस	सत्तावन	सड़सठ	सतहत्तर	सत्तासी	सत्तानवे
8	आठ	अठारह	अट्ठाईस	अड़तीस	अड़तालीस	अट्ठावन	अड़सठ	अठहत्तर	अट्ठासी	अट्ठानवे
9	नौ	उन्नीस	उनतीस	उनतालीस	उनचास	उनसठ	उनहत्तर	उनासी	नवासी	निन्यानवे
10	दस	बीस	तीस	चालीस	पचास	साठ	सत्तर	अस्सी	नब्बे	सौ

2) 100 이상의 수

천	십만	천만	십억	천억
हज़ार	लाख	करोड़	अरब	खरब

나. 서수

순서	힌디어	산스끄리뜨어
첫째	पहला	प्रथम
둘째	दूसरा	द्वितीय
셋째	तीसरा	तृतीय
넷째	चौथा	चतुर्थ
다섯째	पाँचवाँ	पंचम
여섯째	छठा	षष्ठ
일곱째	सातवाँ	सप्तम
여덟째	आठवाँ	अष्टम
아홉째	नवाँ	नवम
열째	दसवाँ	दशम
열한째	ग्यारहवाँ	एकादश
열두째	बारहवाँ	द्वादश

다. 분수

관용적 표현	0.5	1.5	2.5	3.5	4.5
	आधा	डेढ़	ढाई	साढ़े तीन	साढ़े चार
	+½	⅓	⅔	¼	¾
	साढ़े	एक तिहाई	दो तिहाई	एक चौथाई, पाव	तीन चौथाई, पौना
	1¼ 또는 +¼	1¾	2¼	2¾	3¼
	सवा	पौने दो	सवा दो	पौने तीन	सवा तीन
분수읽기	⅛ एक आठवाँ हिस्सा, आठ में एक हिस्सा, एक बटा आठ				

라. 배수

관용적 표현	2배	3배	4배	5배	6배
	दुगुना, दोगुना, दूना	तिगुना	चौगुना	पाँच गुना	छह गुना
배수읽기	4×4 = 16 चार गुना चार सोलह				

마. 집합

	둘 모두	셋 모두	넷 모두	다섯 모두	여섯 모두	일곱 모두	여덟 모두
'모두'를 나타내는 표현들	दोनों	तीनों	चारों	पाँचों	छहों	सातों	आठों
	아홉 모두	열 모두	스물 모두	백 모두	천 모두		
	नवों,नौओं	दसों	बीसों	सौओं	हज़ारों		
'상당수'를 나타내는 표현들	수십	수십	수백	수 다스	수십	수십	수천
	दसियों	बीसियों	सैकड़ों	दर्जनों	पच्चीसों	पचासों	हज़ारों

3. 계절, 달력, 시

가. 계절

봄	여름	우기	가을	초겨울	늦겨울
वसंत, बहार	ग्रीष्म, गर्मी	वर्षा, बरसात	शरत्	हेमंत, सर्दी, जाड़ा	शिशिर, जाड़ा

나. 월

양력	인도력		
	산스끄리뜨어	힌디어	비고
जनवरी	माघ	माघ	1.21-2.19
फ़रवरी	फाल्गुन	फागुन	2.20-3.21
मार्च	चैत्र	चैत	3.22-4.20 (시작월)
अप्रैल	वैशाख	बैसाख	4.21-5.21
मई	ज्येष्ठ	जेठ	5.22-6.21
जून	आषाढ़	आसाढ़	6.22-7.22
जुलाई	श्रावण	सावन	7.23-8.22
अगस्त	भाद्रपद	भादों	8.23-9.22
सितंबर	आश्विन	आसिन, क्वार	9.23-10.22
अक्तूबर	कार्तिक	कातिक	10.23-11.21
नवंबर	मार्गशीर्ष, अग्रहायन	अगहन	11.22-12.21
दिसंबर	पौष	पूस	12.22-1.20

다. 요일

월	화	수	목	금	토	일
सोमवार	मंगलवार	बुधवार	बृहस्पतिवार गुरुवार	शुक्रवार	शनिवार	रविवार इतवार

라. 근일의 명칭

그끄제	그제	어제	오늘	내일	모레	글피
नरसों	परसों	कल	आज	कल	परसों	नरसों

마. 하루의 구분

낮	밤	새벽	아침	오전	점심	오후	저녁	하루
दिन	रात रात्री	प्रातःकाल संध्या	सवेरा सुबह	पूर्वाह्न	दोपहर मध्याह्न	अपराह्न	संध्या शाम	दिन

바. 날짜 표기

관용적 표기		활용
세기	शताब्दी, सदी, शदी	19वीं शताब्दी में '19세기에'
비끄람력 (서기보다 57년 빠름)	विक्रमी संवत्	संवत् 1924 में '비끄람력 1924년에' (सन् 1867 में '서기 1867년에')
기원전	ईसवी पूर्व, ईसा पूर्व	250 ईसवी पूर्व में '기원전 250년에'
서기	ईसवी, सन्	सन् 2015 ईसवी में '서기 2015년에' सन् 2015 वर्ष में 2015 ईसवी में 2015 में
해, 년	वर्ष, साल	
달, 월	महीना मास	नवंबर महीने में '9월에' नवंबर में
일	तारीख़ दिनांक	पहली तारीख़ को '1일에' (1일만 서수) दो तारीख़ को '2일에' तीन तारीख़ को '3일에'
년, 월, 일		तारीख़ 30 मई 2015 को 30 मई 2015 को 30-5-2015 को '2015년 5월 30일에' अगले साल मई की 30 तारीख़ को '내년 5월 30일에'

4. 시제와 구문 정리표

가. 시제 관련 기본 구문

현재	단순	वह बच्चा है ।	-
	미완료	वह खेलता है ।	वह रोटी खाता है ।
	진행	वह खेल रहा है ।	वह रोटी खा रहा है ।
	완료	वह खेला है ।	उसने रोटी खाई है ।
과거	단순	वह खेला ।	उसने रोटी खाई ।
	습관 (미완료)	वह खेलता था ।	वह रोटी खाता था ।
	진행	वह खेल रहा था ।	वह रोटी खा रहा था ।
	완료	वह खेला था ।	उसने रोटी खाई थी ।
미래 (확정미래)		वह खेलेगा ।	वह रोटी खाएगा ।
기원법 (불확정미래)		वह खेले ।	वह रोटी खाए ।
추정법	미완료	वह खेलता होगा ।	वह रोटी खाता होगा ।
	진행	वह खेल रहा होगा ।	वह रोटी खा रहा होगा ।
	완료	वह खेला होगा ।	उसने रोटी खाई होगी ।
가능법	미완료	वह खेलता हो ।	वह रोटी खाता हो ।
	진행	वह खेल रहा हो ।	वह रोटी खा रहा हो ।
	완료	वह खेला हो ।	उसने रोटी खाई हो ।

비사실법	일반	वह खेलता ।	वह रोटी खाता ।
	미완료	वह खेलता होता ।	वह रोटी खाता होता ।
	진행	वह खेल रहा होता ।	वह रोटी खा रहा होता ।
	완료	वह खेला होता ।	उसने रोटी खाई होती ।

다. 상 관련 기타 구문

상태의 지속	-आ रहना	वह बैठा रहा ।	-
동작의 지속	-ता रहना	वह खेलता रहा ।	वह रोटी खाता रहा ।
	-ता जाना	वह खेलता गया ।	वह रोटी खाता गया ।
	-ता आना	वह खेलता आया ।	वह रोटी खाता आया ।
불규칙 습관	-आ करना (-आ는 불변형태)	वह खेला किया ।	वह रोटी खाया करता था ।
종결	चुकना	वह खेल चुका ।	वह रोटी खा चुका ।
기동	-ने लगना	वह खेलने लगा ।	वह रोटी खाने लगा ।
	-ना शुरू करना	वह खेलना शुरू किया ।	उसने रोटी खानी शुरू की ।
전망	-ने वाला है	वह खेलने वाला था ।	वह रोटी खाने वाला था ।
	-ने को है	वह खेलने को था ।	वह रोटी खाने को था ।
	-ने ही जा रहा है	वह खेलने ही जा रहा था ।	वह रोटी खाने ही जा रहा था ।

라. 기타 서법 및 태 관련 구문

여격 주어 구문	필요	-ना चाहिए	उसे खेलना चाहिए ।	उसे रोटी खानी चाहिए ।
	의무/예정	-ना है	उसे खेलना है ।	उसे रोटी खानी है ।
	필연	-ना पड़ता है	उसे खेलना पड़ता है ।	उसे रोटी खानी पड़ती है ।
	지식	-ना आता है	उसे खेलना आता है ।	उसे रोटी खानी आती है ।
허락		-ने देना	वह मुझे खेलने देता है ।	वह मुझे रोटी खाने देता है ।
명령		어간	खेल ।	तू रोटी खा ।
		-ओ	खेलो ।	रोटी खाओ ।
		-इए	खेलिए ।	रोटी खाइए ।
		-इएगा	खेलिएगा ।	रोटी खाइएगा ।
		-ना	खेलना ।	रोटी खाना ।
가능		सकना	वह खेल सकता है ।	वह रोटी खा सकता है ।
		पाना	वह खेल पाता है । वह खेलने पाता है ।	वह रोटी खा पाता है । वह रोटी खाने पाता है । वह रोटी खाने पाया ।
		लेना	वह खेल लेता है ।	वह रोटी खा लेता है ।
원망		-ना चाहता है	वह खेलना चाहता है ।	वह रोटी खाना चाहता है ।
수동태		수동분사 + जाना	उससे खेला जाता है ।	उससे रोटी खाई जाती है ।
무능력		수동문(से + नहीं)	उससे नहीं खेला जाता ।	उससे रोटी नहीं खाई जाती ।

5. 복합후치사

가. 처소의 표현

위에	के ऊपर	महल तालाब के ठीक ऊपर है । '궁전이 연못의 바로 위에 있다.'
아래에	के नीचे	मेज़ के नीचे कुत्ता लेटा है । '테이블 아래 개가 누워 있다.'
밖에	के बाहर	घर के बाहर बच्चे खेल रहे हैं । '집 밖에서 아이들이 놀고 있다.'
안에	के अंदर	घर के अंदर बच्चे खेल रहे हैं । '집 안에서 아이들이 놀고 있다.'
사이에	के बीच	गाँवों के बीच रास्ता बनेगा । '마을 사이에 길이 생길 것이다.'
주변에	के पास	घर के पास बाज़ार है । '집 주변에 시장이 있다.'
곁에	की बग़ल में	मेरी बग़ल में बैठिए । '내 옆에 앉으세요.'
전면에	के सामने	स्टेशन के सामने थाना है । '역 앞에 경찰서가 있다.'
앞에 다음에	के आगे	स्टेशन के आगे थाना है । '역 다음에 경찰서가 있다.'
뒤에	के पीछे	भवन के पीछे बड़ा पेड़ है । '건물 뒤에 큰 나무가 있다.'
건너편	के पार	नदी के पार कौन रहता है ? '강 건너에는 누가 사는가?'
방향	की ओर	हवा नदी की ओर बहती है । '바람이 강쪽으로 분다.'
거처	के यहाँ	हमारे यहाँ आइए । '우리집에 오세요.'

나. 기타 표현

위하여	के लिए	मैं तुम्हारे लिए काम करूँगी । '나는 너를 위해 일을 할 것이다.'
함께	के साथ	वह हमारे साथ चलेगा । '그는 우리와 함께 갈 것이다.'
없이	के बिना	आपके बिना मैं कुछ नहीं कर सकता । '당신 없이 나는 아무것도 할 수 없다.'
추가하여	के अलावा	इसके अलावा तीन और हैं । '이것 말고 셋 더 있다.'
이유로	के कारण	बारिश के कारण नदी के जलस्तर में वृद्धि हो रही है । '비로 인해 강의 수위가 상승하고 있는 중이다.'
따라	के अनुसार	संवाददाता के अनुसार महिलाओं ने नृत्य कार्यक्रम प्रस्तुत किए । '통신원에 따르면 여인들이 춤 공연을 하였다.' राजा की आज्ञा के अनुसार राम वन को चला गया । '왕의 명령에 따라 람은 숲으로 떠나 갔다.'
거슬러	के ख़िलाफ़	उसने अपनी मर्ज़ी के ख़िलाफ़ माँ से व्यवहार किया । '그가 자신의 의지에 거슬러 엄마를 대했다.'
관하여	के बारे में	भारत के बारे में जानें । '인도에 대해서 알아봅시다.'
처럼	की तरह	लोगों ने अपने घरों को दीपकों से दुल्हन की तरह सजाया । '사람들이 집을 등불로 신부처럼 장식하였다.'
대신에	के/की बजाय	नागरिकों के बीच डर और नफ़रत के बजाय सम्मान हो । '시민들 가운데 공포와 증오 대신에 존경이 있기를'
비교하여	की अपेक्षा	धान की खेती की अपेक्षा मक्के की खेती लाभकारी सिद्ध हुई है । '벼 농사와 비교하여 옥수수 농사가 이윤이 있다고 인정되었다.'

6. 접속사

가. 접속사

등위	첨가	그리고, 와 और , तथा , एवं	मुझे आलू और प्याज़ के परांठे पसंद हैं । '나는 감자와 양파 빠란타를 좋아한다.'
		뿐만 아니라 ~또한 ~ ही नहीं ~ (बल्कि) ~ भी	बेटा बुद्धिमान ही नहीं है, बल्कि संवेदनशील भी है । '아들이 지적일 뿐만 아니라 감성적이기도 하다.'
	선택	또는 या, अथवा, कि	कौन पहले आया, मुर्ग़ी या अंडा ? '무엇이 먼저 나왔죠, 닭 또는 달걀 ?'
		~이거나 ~이거나 या ~ या ~, क्या ~ क्या ~	या हम टहलें या पेड़ के नीचे बैठकर कुछ पढ़ें । '우리 산책할까 아니면 나무 아래 앉아 독서할까' क्या जवान क्या बूढ़ा, सभी स्वप्न देखेंगे । '청년이거나 노인이거나 모두 꿈을 꿀 것이다.'
		둘 다 아닌 न~, न~	मुझे न नींद आती थी न भूख लगती थी । '나는 잠도 오지 않았고 배고프지도 않았다.'
	대조	그러나 मगर, पर, किन्तु, लेकिन, परन्तु	कहना आसान है, मगर करना कठिन है । '말하기는 쉽다 그러나 하기는 어렵다.'
		한편, 반면에 जबकि	वह ख़बर सुनकर ख़ुश है, जबकि हक़ीक़त इस से अलग है । '그는 소식을 듣고 기뻐하지만 사실은 이와 다르다.'
종속	명사절을 이끄는 접속사	~라고, ~는 것이, ~는 것 कि~	दोस्त ने कहा कि मैं बहुत ख़ुश हूँ । '친구가 나는 매우 행복하다고 말했다.'
	부사절을 이끄는 접속사 / 시간	때에 जब ~ तब ~	जब मैं सफ़र करता हूँ, तब किताब बहुत पढ़ता हूँ । '나는 여행할 때, 책을 많이 읽는다.'

종속	부사절을 이끄는 접속사	시간	때부터 जब से ~ तब से ~	जब से तुम्हें देखा, तब से मेरे मन में तुम ही तुम हो । '너를 보았을 때부터 내 마음에는 너뿐이다.'
			때까지 / 동안 जब तक ~ तब तक ~	जब तक मैं ज़िंदा हूँ, तब तक आपका एहसान न भूलूँगी । '제가 살아있는 한 당신의 은혜를 잊지 않겠어요.'
			하자마자 जैसे ही~ वैसे ही~, ज्यों ही~ त्यों ही ~	जैसे ही बारिश पड़ी, वैसे ही लोग दौड़ने लगे । '비가 오자마자, 사람들이 뛰기 시작했다.'
		이유	왜냐하면 क्योंकि , इसलिए कि , चूँकि	वह रात दिन पढ़ता है, क्योंकि वह लेखक बनना चाहता है । '그는 작가가 되길 원해서 밤낮으로 공부한다.'
		조건	만일 ~ 그렇다면 यदि / अगर ~ तो	यदि आप बुलाएँ, तो मैं आऊँगा । '만일 당신이 부르신다면 내가 갈께요.'
			그렇지 않으면 नहीं तो , वरना	गरम कपड़े पहनो, नहीं तो तुम्हें ठंड लगेगी । '따뜻한 옷을 입어라, 그렇지 않으면 추울 것이다.'
		양보	일지라도~그럼에도 यद्यपि / हालाँकि ~ तथापि / तो भी / फिर भी ~	यद्यपि वे अनपढ़ी हैं, तथापि बहुत बुद्धिमान हैं । '비록 그녀는 배우지 못했지만 매우 지혜로우시다.'
			~이든 ~이든 चाहे ~ चाहे / या ~	चाहे बारिश हो चाहे बर्फ़ पड़े, मैच रद्द नहीं होगा । '비가 오든 눈이 오든 경기는 취소되지 않을 것이다.'
		목적	그것으로 ताकि , जिससे	मेहनत करो, ताकि बाद में किसी पर पछतावा न हो । '후에 후회가 남지 않도록 열심히 해.'
		기타	마치~처럼 मानो	भारी बारिश पड़ रही है, मानो पूरा शहर जलमग्न हो रहा हो । '도시 전체가 물에 잠길 듯이 호우가 내리고 있다.'

나. 접속부사

그래서	इसलिए, अतः, अतएव, इस कारण, इस वास्ते	**वह थक गया, इसलिए पेड़ की छाया में बैठ गया ।** '그는 피곤해졌다. 그래서 나무 그늘에 앉았다.'
즉	यानि, अर्थात्	**नरक चतुर्दशी पर्व यानि छोटी दीपावली आज है ।** '나락 짜뚜르다시 축제 즉 작은 디왈리는 오늘이다.'